Hernandes Dias Lopes

2TIMÓTEO
O testamento de Paulo à igreja

© 2014 Hernandes Dias Lopes

Revisão
Andrea Filatro
Josemar de Souza Pinto

Capa
Patricia Caycedo

Diagramação
Catia Soderi

Editora
Marilene Terrengui

1ª edição - Junho - 2014
8ª Reimpressão- Dezembro de 2020

Coordenador de produção
Mauro W. Terrengui

Impressão e acabamento
Imprensa da fé

Todos os direitos desta edição reservados para:
Editora Hagnos
Av. Jacinto Júlio, 27
04815-160 - São Paulo - SP - Tel/Fax: (11) 5668-5668
hagnos@hagnos.com.br - www.hagnos.com.br

Dados Internacionais de Catalogação na Publicação (CIP)
(Câmara Brasileira do Livro, SP, Brasil)

Lopes, Hernandes Dias
2Timóteo: o testamento de Paulo à igreja / Hernandes Dias Lopes. -- São Paulo: Hagnos, 2014.

ISBN 978-85-7742-132-9

1. Bíblia. N. T. Timóteo, 2ª - Crítica e interpretação 2. Vida cristã - Ensino bíblico I. Título.

| 14-02198 | CDD-227.8406 |

Índices para catálogo sistemático:
1. Timóteo, 2ª: Epístolas paulinas : Interpretação e crítica   227.8406

Editora associada à:

Dedicatória

Dedico este livro ao reverendo Valdeci de Silva Santos, homem de Deus, servo do Altíssimo, mestre ilustrado, expositor fiel das Escrituras, amigo achegado, companheiro de jornada, bênção especial em minha vida, família e ministério.

Sumário

Prefácio   7

1. Introdução à segunda carta a Timóteo   11

2. O evangelho precisa ser preservado   23
   (2Tm 1.1-18)

3. Os desafios do pregador do evangelho   47
   (2Tm 2.1-26)

4. Como enfrentar o fim dos tempos vitoriosamente   79
   (2Tm 3.1-17)

5. A pregação da Palavra num mundo de relativismo   103
   (2Tm 4.1-5)

6. A segunda prisão de Paulo em Roma e seu martírio   119
   (2Tm 4.6-22)

Prefácio

ESTA É UMA DAS MAIS emocionantes epístolas de Paulo. É sua última carta, escrita na penumbra do martírio. Era um tempo de graves ameaças à fé cristã. De um lado, o fogo da perseguição soprava com indomável violência. Por outro lado, o assédio dos falsos mestres era assaz audacioso. Muitos crentes estavam abandonando as fileiras do evangelho. Outros esquivavam-se de qualquer ligação com o apóstolo dos gentios, o qual estava preso como um malfeitor, sob pesadas acusações, numa insalubre masmorra romana, na antessala do martírio.

Apesar de estar velho e cheio de cicatrizes, tendo de suportar o rigor do inverno e o abandono de muitos amigos, Paulo não está, prioritariamente, preocupado consigo mesmo, mas em manter acesa a chama da fé e incontaminado o evangelho de Cristo para as gerações pósteras. O evangelho é maior que os obreiros. Estes passam; o evangelho permanece.

Embora Timóteo fosse jovem, tímido e doente, estava à frente da grande igreja de Éfeso, capital da Ásia Menor. Aquele era um campo minado pelos falsos mestres e um território de gigantescas lutas espirituais. Como numa corrida de revezamento, Timóteo precisava receber a tocha do evangelho e passá-la adiante com fidelidade e senso de urgência. Timóteo deveria guardar o evangelho intacto. Nada pode ser acrescentado ao evangelho nem ser dele subtraído. A pureza da fé é a garantia de sua permanência. Quando o evangelho perde sua pureza, perde também seu poder e sua eficácia.

Timóteo deveria estar pronto para sofrer pelo evangelho. Estava ocorrendo uma debandada geral de crentes na Ásia em virtude da brutal perseguição que se abatera sobre a igreja. O fogo da perseguição apenas dispersa a palha da religiosidade nominal, mas fortalece os crentes genuínos. Diante desse cerco da perseguição por um lado e da influência perniciosa dos falsos mestres por outro, Timóteo deve agir como um mordomo, um soldado, um atleta, um agricultor, um servo, um vaso de honra. Em vez de olhar para os apóstatas, que dão as costas para Cristo na hora da prova, deve olhar para Jesus, que enfrentou a morte e sobre ela triunfou em sua ressurreição.

Diante de um mundo que marcha resoluto rumo à mais desavergonhada corrupção, Timóteo deve permanecer fiel às Escrituras, pois são inspiradas por Deus e úteis para levar o povo de Deus à maturidade. A igreja se alimenta da

Palavra e cumpre sua missão por intermédio dela. Longe de ser levado pelas ondas revoltas da impiedade ou abraçar as sedutoras novidades, Timóteo deve manter-se firme nas mesmas verdades que aprendera desde sua infância. O evangelho é insubstituível. É sempre atual. Sempre vivo. Sempre poderoso. Sempre eficaz.

Além de guardar o evangelho, sofrer pelo evangelho e permanecer no evangelho, Timóteo precisava pregar o evangelho. Não é suficiente lutar pela preservação da sã doutrina. Essa mensagem precisa ser proclamada a tempo e fora de tempo, com senso de urgência. O evangelho precisa sair das quatro paredes. Cada crente deve ser um missionário. A igreja é uma agência ou um campo missionário. A igreja que não evangeliza precisa ser evangelizada. O evangelho é um depósito que Deus nos confiou para entregarmos aos povos. Somos devedores. Não podemos reter o evangelho. Este não é um monopólio da igreja. O propósito de Deus é o evangelho todo, por toda a igreja, em todo o mundo.

Paulo encerra essa carta como se estivesse lendo seu testamento. Demonstra inabalável firmeza e imperturbável confiança na hora da morte. Tem profundo senso de dever cumprido. Seu grande anelo, completar a carreira, torna-se agora um testemunho eloquente. Apesar de lidar com dramas amargos como a solidão, o abandono, a privação, a traição e a ingratidão, esse grande bandeirante do cristianismo foi assistido por Deus. Longe de fechar as cortinas da vida amargurado com circunstâncias tão adversas, desabotoa sua alma num jorro de gloriosa doxologia: *A ele [Jesus] seja a glória pelos séculos dos séculos* (2Tm 4.18).

Meu maior propósito é que a leitura deste livro inflame seu coração, desperte sua alma e renove seu entusiasmo em servir a Cristo com fidelidade, pois, se a jornada rumo à glória é juncada de espinhos, a chegada é certa, e a recompensa é segura. Mesmo que aqui tombemos como mártires, seremos recebidos como príncipes na glória!

Capítulo 1

Introdução à segunda carta a Timóteo

A SEGUNDA CARTA a Timóteo é a última epístola escrita pelo apóstolo Paulo. É o registro de sua última vontade, o seu testamento à igreja.[1] Charles Erdman diz que essa é a mais pessoal das cartas pastorais.[2] Como as últimas palavras que alguém profere são, em geral, as coisas mais urgentes e importantes que pronuncia, o conteúdo dessa carta está regado de emoção e também vazado por um forte senso de urgência. É um apelo para Timóteo manter-se firme diante da perseguição, preservando intacto o evangelho à vista da ameaça dos falsos mestres e proclamando a salvação com senso de urgência, a despeito das nuvens escuras da perseguição.

Depois de plantar igrejas nas províncias da Galácia, Macedônia, Acaia e Ásia Menor, Paulo foi preso em Jerusalém, transferido para Cesareia e, daí, enviado a Roma, onde ficou encarcerado por dois anos numa espécie de prisão domiciliar (At 28.30). Dessa primeira prisão, escreveu suas cartas aos Efésios, Filipenses, Colossenses e a Filemom. Como cidadão romano e prisioneiro de César, tinha certas regalias nessa primeira prisão. Estava numa casa alugada e podia receber pessoas e a elas ministrar (At 28.16-29). No entanto, na segunda prisão, Paulo foi lançado numa masmorra escura, úmida, fria e insalubre, da qual as pessoas saíam leprosas ou para o martírio (4.13). O que estava por trás de sua primeira prisão era a intermitente oposição dos judeus, mas o que motivou sua segunda prisão foi o próprio Estado, com todo o seu aparelhamento para matar.

Em 17 de julho de 64 d.C., o imperador Nero, com toda a sua megalomania e querendo reconstruir uma capital mais bela e moderna, incendiou a cidade de Roma. Vestiu-se de ator e subiu para o alto de torre de Mecenas, assistindo de lá ao horrendo espetáculo das chamas que devastaram a cidade por dias, até a data conhecida de 24 de julho. Quando o incêndio acabou, a capital do império estava praticamente destruída. Dos quatorze bairros de Roma, dez foram destruídos pelas chamas. Os quatro bairros restantes, densamente povoados por judeus e cristãos, deram a Nero um álibi: lançar a culpa do incêndio criminoso sobre os cristãos. Doravante, começa uma brutal e sangrenta perseguição contra a igreja. Naquela época, faltou madeira para fazer cruzes, tamanha a quantidade de cristãos que foram crucificados em Roma. Os crentes eram amarrados aos postes, cobertos de piche e incendiados vivos para iluminar as ruas de Roma. Foi nesse tempo de atroz e amarga perseguição aos cristãos que Paulo foi preso novamente e jogado numa prisão imunda como um criminoso comum, ou seja, como um malfeitor.

É matéria de consenso que Paulo foi jogado numa masmorra conhecida como prisão Marmetina, ainda hoje disponível à visitação de turistas. Como cidadão romano, Paulo não poderia ser lançado aos leões nem ser crucificado, mas "merecia" uma execução com a espada, a decapitação. Uma vez que Paulo foi morto no governo de Nero e este morreu em 8 de junho de 68 d.C., a data estimada para a redação de 2Timóteo deve ser entre 65 e 68 d.C. [3]

Desde sua primeira prisão em Roma, Paulo já era considerado um homem idoso (Fm 9). Agora, mesmo com os seus muitos anos de vida, Paulo é algemado e lançado nessa prisão imunda, como se fosse um malfeitor (2.9). Ele tinha plena consciência de que seu trabalho estava encerrado (4.7) e de que seu martírio seria inevitável (4.6). Mesmo abandonado à própria sorte nessa masmorra (1.15; 4.10; 4.16), sofrendo o frio implacável do inverno que se aproximava (4.21), Paulo não está preocupado consigo mesmo, mas com o evangelho. Seu propósito nessa última carta é conscientizar Timóteo quanto à sua responsabilidade de assumir a liderança da igreja, guardar o evangelho (1.14), sofrer pelo evangelho (2.3,8,9), perseverar no evangelho (3.13,14) e pregar o evangelho (4.1,2).[4] Paulo estava passando o bastão para as mãos de Timóteo, e este deveria transmitir com fidelidade o evangelho a homens fiéis, que pudessem passar adiante o mesmo acervo bendito (2.2).

Vamos destacar alguns pontos importantes para a compreensão dessa importante epístola pastoral.

Paulo, o autor da carta

A segunda carta a Timóteo é uma genuína epístola pastoral escrita pelo apóstolo Paulo. Ele reivindica isso logo no início da missiva (1.1). Testemunhos internos e externos comprovam a autoria paulina. Pais da igreja, como Clemente de Roma, Inácio, Policarpo e Tertuliano, dão amplo testemunho nessa direção. O cânon muratoriano, datado do início do século III atribui a Paulo as duas cartas escritas a Timóteo e a carta endereçada a Tito. Apenas Marcião, o herege excomungado em 144 d.C., em Roma, negou a autoria paulina das epístolas pastorais.

Ao longo da história da igreja, desde o período da Patrística, Idade Média e Reforma, a tradição da autoria paulina de 2Timóteo manteve-se intacta. No entanto, com o advento da alta crítica, F. C. Bauer, em 1835, rejeitou a autoria de Paulo. Quatro foram as razões levantadas por esse crítico para negar a autoria paulina: histórica, literária, teológica e eclesiástica. Em todas elas, não demonstrou nenhuma solidez. Suas teorias são absolutamente infundadas e não têm as evidências das provas, como veremos a seguir.

A razão histórica levantada por Bauer é que o texto de 2Timóteo não coaduna com o final de Atos, quando Paulo esteve preso em Roma. Respondemos que não pode mesmo coadunar, porque Atos trata da primeira prisão de Paulo, e 2Timóteo, da segunda prisão. As viagens feitas por Paulo depois da primeira prisão não estão, nem poderiam estar, registradas em Atos, mas são mencionadas nas epístolas pastorais. Concordo com Gundry quando ele diz que os informes históricos e geográficos das epístolas pastorais não entram em conflito com o livro de Atos, mas aludem a eventos que ocorreram após o encarceramento citado no livro de Atos.⁵ Eusébio, o maior dos historiadores primitivos da igreja, corrobora a tese de que Paulo foi solto da primeira prisão e saiu uma vez mais em seu ministério de pregação antes de voltar à cidade de Roma, onde sofreu o martírio.⁶

A alegada razão literária também é frágil, pois denuncia que, nessas epístolas pastorais, há numerosas expressões paulinas ausentes em outras epístolas do apóstolo. Respondemos que há uma abundância de termos exclusivos de Paulo nas cartas pastorais e que a mudança de tempo e de circunstâncias justifica perfeitamente as mudanças de termos.

A terceira razão, chamada de teológica, outrossim, não procede, pois denuncia que Paulo deixa para trás os assuntos que lideraram as outras epístolas, como a salvação pela graça mediante a fé, que desemboca em obras. Esquece-se o crítico de que o propósito das epístolas pastorais não era essencialmente expor a doutrina da salvação, mas dar ferramentas aos jovens pastores Timóteo e Tito para pastorearem a igreja de Deus. Mesmo assim, os temas centrais da fé cristã estão presentes também nessas cartas.

Finalmente, a referida razão eclesiástica é ainda mais vulnerável. Acusa que as epístolas pastorais mostram uma igreja mais estruturada que a realidade daquele tempo permitia. Ledo engano! Desde a primeira viagem missionária de Paulo, na província da Galácia (At 13–14), as igrejas eram estabelecidas e a liderança era nomeada nessas igrejas.

Encerro esta seção com as palavras de John Stott:

> A conclusão a que chegam muitos teólogos é ainda a de que os argumentos históricos, literários, teológicos e eclesiásticos, que têm sido usados para negar a autoridade paulina das Epístolas Pastorais, não são suficientes para derrubar a evidência, tanto interna como

externa, que as autentica como genuínas cartas do apóstolo Paulo, endereçadas a Timóteo e Tito.⁷

As circunstâncias em que Paulo escreveu a carta

O apóstolo Paulo tinha clara expectativa de deixar sua primeira prisão em Roma (Fp 1.19). Nos dois anos em que ficou preso, aconteceram três coisas maravilhosas, que exploramos a seguir.

Primeiro, *as cadeias de Paulo se tornaram conhecidas de toda a guarda pretoriana, bem como de todos os demais* (1.13). A guarda pretoriana era a vigilância de elite do imperador, composta por soldados da mais alta patente. Dezesseis mil soldados trafegavam com desenvoltura no palácio e tinham grande influência política no império. Três turnos por dia, um soldado era algemado a Paulo e, no decurso de dois anos, toda essa gente foi evangelizada (4.22). Paulo estava preso, mas a Palavra não estava. O apóstolo jamais se sentiu prisioneiro de César; era prisioneiro de Cristo (Ef 4.1), embaixador em cadeias (Ef. 6.20).

Segundo, *a igreja foi mais encorajada a pregar* (Fp 1.14). Quando os líderes são presos por causa do evangelho, os crentes se levantam para pregar. É bem verdade que nem todos os que pregavam tinham motivações certas. Porém, mesmo que a motivação não seja boa, se é o evangelho que está sendo proclamado, ainda assim devemos nos alegrar (Fp 1.15-18).

Terceiro, *Paulo não podia visitar as igrejas, em virtude de sua prisão*. Então, escreveu cartas (Efésios, Filipenses, Colossenses e Filemom). Se Paulo estivesse solto, talvez não tivéssemos essas joias preciosas em nossa Bíblia. Quando as coisas parecem estar de ponta-cabeça, é aí que Deus está cumprindo seu plano eterno e perfeito.

Conforme esperava, Paulo saiu dessa prisão, mas não para se aposentar nem para vestir um pijama. Saiu para fazer sua quarta viagem missionária. Deixou Tito em Creta (Tt 1.5) e Timóteo em Éfeso (1Tm 1.3,4). Possivelmente, foi a Colossos encontrar-se com Filemom, conforme era seu desejo (Fm 22). Com toda a certeza, foi à província da Macedônia (1Tm 1.3). Era seu propósito ir a Filipos (Fp 2.24). Provavelmente, foi nesse período em que esteve na Macedônia que Paulo escreveu a primeira carta a Timóteo e a epístola a Tito. Em sua carta a Tito, compartilhou seu propósito de passar o inverno em Nicópolis (Tt 3.12), cidade banhada pelo mar Adriático, situada na região costeira da Grécia. Muito provavelmente, Paulo também cumpriu seu sonho de ir à Espanha (Rm 15.24,28).

Clemente de Roma, pai da Igreja primitiva, escreveu que Paulo *atingiu os limites do Ocidente* (1Clemente 5.7), declaração que pode ser interpretada como alusão à Espanha, no extremo ocidental da bacia do Mediterrâneo.[8] Barclay afirma que, no século V, dois dos grandes pais da Igreja fazem alusão à viagem de Paulo à Espanha. Crisóstomo, em seu sermão sobre 2Timóteo 4.20, assevera: "São Paulo, depois de sua estada em Roma, partiu para a Espanha". Jerônimo, em seu *Catálogo de escritores*, esclarece que Paulo "foi despedido por Nero (da primeira prisão) para pregar o evangelho de Cristo no Ocidente".[9]

Na primeira carta a Timóteo, Paulo fala sobre seu desejo de ir vê-lo em Éfeso (1Tm 3.14,15). Nessa viagem, provavelmente, ele chegou ao porto de Mileto, onde deixou Trófimo enfermo (4.20). Em seguida, foi a Trôade, onde recebeu o chamado para entrar na Macedônia (At 16.8-10). Nessa cidade portuária, esteve na casa de Carpo, onde deixou sua capa, seus livros e seus pergaminhos (4.13).

Dali foi a Corinto, onde Erasto se separou do grupo (4.20; Rm 16.23). Finalmente, chegou a Roma, onde acabou jogado numa masmorra insalubre. Foi dessa prisão que Paulo escreveu sua segunda e última epístola a Timóteo, "à sombra de sua execução".[10]

Timóteo, o destinatário da carta

Timóteo era natural de Listra, cidade da província da Galácia do Sul. Era filho de uma crente judia e de um pai grego (At 16.1). Sua mãe, Eunice, e sua avó, Loide, o instruíram nas Sagradas Escrituras desde a infância (1.5; 3.15). Timóteo bebeu o leite da piedade desde o alvorecer da vida. Conheceu Paulo na primeira viagem missionária do apóstolo e tornou-se seu companheiro de jornada a partir da viagem missionária seguinte. Embora Timóteo tenha sido criado sob a influência espiritual de sua mãe e avó, Paulo foi o instrumento de Deus para levá-lo a Cristo, uma vez que o apóstolo o chama de *verdadeiro filho na fé e amado filho* (1Tm1.2) e *filho amado e fiel no Senhor* (1Co 4.17).

Timóteo tornou-se o companheiro mais próximo de Paulo. O apóstolo o chama de seu *cooperador* (Rm 16.21) e de *irmão e ministro de Deus no evangelho de Cristo* (1Ts 3.2). Timóteo serviu ao evangelho junto com Paulo, *como filho ao pai* (Fp 2.22). Timóteo se distinguia de outros obreiros, a ponto de Paulo dizer que ninguém era como ele no zelo de cuidar dos interesses da igreja e de Cristo (Fp 2.20,21).

Embora Timóteo fosse um jovem tímido e doente, Paulo delegou a ele várias missões importantes, tanto em Tessalônica (1Ts 3.1-5) como em Corinto (1Co 4.17). Timóteo acompanhou Paulo em sua viagem a Jerusalém, quando levaram uma oferta aos pobres da Judeia, ocasião em que o apóstolo foi preso pelos judeus (At 20.1-5). Na primeira prisão de Paulo em Roma, Timóteo estava ao seu lado (Fp 1.1; 2.19-24; Cl 1.1; Fm 1). Agora, em sua segunda prisão, Paulo roga para Timóteo vir depressa ao seu encontro (4.9,21).

Depois que foi solto da primeira prisão em Roma, Paulo deixou Timóteo em Éfeso (1Tm 1.3), como líder da igreja. As responsabilidades eram imensas. Timóteo precisou enfrentar com coragem os falsos mestres que perturbavam a igreja (1Tm 1.1-7), estabelecer critérios claros para a manutenção da ordem no culto (1Tm 2.1-15), escolher e ordenar oficiais para a igreja (1Tm 3.1-13), regular e coordenar a assistência social às viúvas, e ainda orientar o ministério das viúvas na igreja (1Tm 5.1-16), decidir acerca da remuneração e disciplina dos presbíteros (1Tm 5.17-21), assim como outras obrigações morais (1Tm 6.1-19).

Nesse tempo, Timóteo era considerado ainda um homem jovem (2.22; 1Tm 4.12). Além disso, Timóteo era tímido (1.7,8; 2.1,3; 3.12; 4.5; 1Co 16.10,11) e doente (1Tm 5.23), mais propenso a "ser comandado que a comandar".[11] Paulo já estava na antessala de seu martírio, às portas da decapitação. Era urgente passar a Timóteo o bastão da responsabilidade para preservar a sã doutrina e conservar intacto o ensino dos apóstolos. Com as características de Timóteo, parecia impossível que o filho na fé desse conta de tão gigantesca missão.

É importante destacar, outrossim, que essa carta foi endereçada também à igreja de Éfeso (4.22). As mesmas palavras destinadas a Timóteo, o pastor da igreja, deveriam alcançar, de igual modo, toda a comunidade.

O propósito da carta

Desde sua conversão, o apóstolo Paulo se lançou numa intensa jornada de pregação. Depois de longo preparo, três anos na Arábia (Gl 1.15-18), dez anos em Tarso (At 9.30; At 11.25,26; Gl 2.1), o homem convertido em Damasco, rejeitado em Jerusalém e esquecido em Tarso é agora levado para Antioquia, a terceira maior cidade do mundo. Dali é separado pelo Espírito Santo e enviado para a obra missionária. Paulo pregou com zelo e fervor, no poder do Espírito Santo, a tempo e fora de tempo, são ou doente, livre ou preso. O livro de Atos registra três de suas viagens missionárias: a primeira na província da Galácia, a segunda nas províncias da Macedônia e Acaia e a terceira na província da Ásia Menor. As cartas pastorais fazem referência à sua quarta viagem missionária, depois de ter sido solto da primeira prisão em Roma.

Por mais de trinta anos, Paulo pregou fielmente o evangelho, plantou igrejas, defendeu a fé e consolidou a obra. Num breve resumo de seu passado, ele declarou: *Combati o bom combate, completei a carreira, guardei a fé* (4.7).

Agora, o idoso apóstolo está novamente preso e sofrendo dolorosa solidão. Os irmãos da Ásia o abandonaram (1.15). Fígelo e Hermógenes não queriam mais nenhuma ligação com ele (1.15). Demas já o havia deixado à própria sorte (4.10). Diante da atroz perseguição romana, os crentes tinham medo de se associarem a ele. Na sua primeira defesa, ninguém foi a seu favor (4.16). Paulo permaneceu desamparado numa masmorra escura, úmida e insalubre (1.17).

O imperador Nero, com toda a sua loucura e violência, estava determinado a esmagar os cristãos com mão de ferro.

Em Roma, os crentes eram crucificados, queimados vivos; outros, de cidadania romana, eram decapitados. Ao mesmo tempo que o fogo da perseguição se espalhava, os falsos mestres espalhavam o veneno das heresias, causando grande perturbação às igrejas. A situação era quase desesperadora. Paulo, o grande bandeirante do cristianismo, estava na fila do martírio. Handley Moule chegou a dizer que "o cristianismo estremecia, à beira da aniquilação".[12]

É nesse contexto de angústia e dor, de sombras espessas e tempestades borrascosas, que Paulo escreve sua última carta. Sua preocupação não é prioritariamente com a própria vida. Seu foco não é sua libertação. Sua atenção se volta para o evangelho. Seu grande apelo a Timóteo, nesse tempo de perseguição política e sedução dos falsos mestres, é: *Ó Timóteo, guarda o que te foi confiado* (1Tm 6.20) *e guarda o bom depósito* (1.14). John Stott diz acertadamente que Paulo enfatizou esse ponto em cada capítulo dessa carta: guarda o evangelho (1.14), sofre pelo evangelho (2.2,8,9), persevera no evangelho (3.13,14) e prega o evangelho (4.1,2).[13]

Myer Pearlman explica que essa epístola foi escrita para pedir a presença de Timóteo em Roma, admoestá-lo contra os falsos mestres, animá-lo em seus deveres e fortalecê-lo contras as perseguições vindouras.[14] Na mesma linha de pensamento, Gordon Fee e Douglas Stuart destacam que o propósito da carta é pedir a Timóteo que se junte a Paulo em Roma quanto antes (4.9,21), levando consigo Marcos (4.11) e alguns itens pessoais (4.13). Timóteo deve ser substituído por Tíquico, o portador da carta (4.12). A razão para a pressa é o começo do inverno (4.21) e o fato de que a audiência preliminar já havia ocorrido (4.16). A maior parte da carta, porém, se ocupa com um apelo para que

Timóteo se mantenha leal a Paulo e ao evangelho, aceitando o sofrimento e a privação.[15] Com essas informações na mente e no coração, podemos agora entrar na exposição da carta.

Notas do capítulo 1

[1] STOTT, John. *Tu, porém: a mensagem de 2Timóteo*. São Paulo: ABU, 1982, p. 8.
[2] ERDMAN, Charles. *Las Epístolas Pastorales a Timoteo y a Tito*. Grand Rapids: Tells, 1976, p. 90.
[3] MACDONALD, William. *Believer's Bible Commentary*. Nashville: Thomas Nelson Publishers, 1995, p. 2107.
[4] STOTT, John. *Tu, porém: a mensagem de 2Timóteo*, p. 9-10.
[5] GUNDRY, Robert G. *Panorama do Novo Testamento*. São Paulo: Vida Nova, 1978, p. 363.
[6] EUSÉBIO. *História eclesiástica*, 2,22.2.
[7] STOTT, John. *Tu, porém: a mensagem de 2Timóteo*, p. 7.
[8] GUNDRY, Robert G. *Panorama do Novo Testamento*, p. 363.
[9] BARCLAY, William. *I y II Timoteo, Tito y Filemon*. Buenos Aires: La Aurora, 1974, p. 20.
[10] STOTT, John. *Tu, porém: a mensagem de 2Timóteo*, p. 8.
[11] FARBAIN, Patrick. *Commentary on the Pastoral Epistles*. Grand Rapids: Zondervan, 1956, p. 314.
[12] MOULE, Handley C. G. *The Second Epistle to Timothy*. Londres: Religious Tract Society, 1905, p. 18.
[13] STOTT, John. *Tu, porém: a mensagem de 2Timóteo*, p. 9-10.
[14] PEARLMAN, Myer. *Através da Bíblia*. Miami: Vida, 1987, p. 297.
[15] FEE, Gordon; STUART, Douglas. *Como ler a Bíblia livro por livro*. São Paulo: Vida Nova, 2013, p. 449.

Capítulo 2

O evangelho precisa ser preservado
(2Tm 1.1-18)

O MUNDO ESTAVA em ebulição. O fogo da perseguição crepitava com fúria indômita, e a igreja enfrentava o seu momento mais amargo. Paulo, seu líder mais destacado, está preso novamente, agora numa masmorra insalubre. Os crentes da Ásia tomavam parte em uma espécie de debandada geral. Associar-se a Paulo era correr sérios riscos, e levantar a bandeira do evangelho era colocar a cabeça a prêmio. Não bastasse a sangrenta e impiedosa perseguição política, a igreja também sofria o assédio dos falsos mestres. A sociedade era como um caminhão sem freio ladeira abaixo, correndo celeremente para o desastre (3.1-5).

É nesse ambiente hostil, em que o próprio cristianismo está sendo ameaçado, que Paulo, na antessala do martírio, escreve essa carta a Timóteo. O objetivo é que Timóteo, então pastor da igreja de Éfeso, não se envergonhe do evangelho nem de seu embaixador; antes, mantenha intacto esse bendito depósito, transmitindo-o a homens fiéis, para que estes o transmitam a outros e, assim, o santo evangelho de Cristo prossiga vitorioso em sua marcha.

Vamos examinar o capítulo 1 dessa última epístola de Paulo.

A saudação de Paulo (1.1,2)

As cartas epistolares mantinham sempre o mesmo padrão. Iniciavam com o nome do remetente com suas credenciais e o nome do destinatário com uma afetuosa saudação. Destacamos aqui quatro verdades importantes.

Em primeiro lugar, *Paulo expressa a fonte de seu apostolado. Paulo, apóstolo de Cristo Jesus, pela vontade de Deus...* (1.1a). Paulo não é apóstolo por moto próprio nem por vontade humana (Gl 1.11,12). Foi chamado, capacitado e enviado por Cristo às nações, de acordo com a expressa vontade de Deus (At 26.16-18). Paulo fazia parte do seleto grupo dos doze (Rm 11.13; Gl 1.15,16; 2.9). Viu o Senhor ressurreto (1Co 15.8,9) e recebeu a confirmação de seu apostolado por meio de sinais e prodígios (2Co 12.12). Portanto, mesmo à beira do martírio, preso como um malfeitor, Paulo fala não de sua parte, mas da parte daquele que o enviou. John Stott corrobora esse pensamento, quando escreve:

> Paulo sustentou, desde o começo até o final da sua carreira apostólica, a convicção de que a sua indicação como apóstolo não procedia nem da igreja, nem de qualquer homem ou grupo de homens. Tampouco se havia indicado a si mesmo. Pelo contrário, o seu apostolado

originara-se no desejo divino e no chamado histórico do Deus Todo-poderoso, através de Jesus Cristo.[16]

Paulo é apóstolo de Cristo Jesus. *Jesus* é o nome pessoal, e *Cristo*, um título oficial. Jesus havia demonstrado ser o Cristo, e o Cristo havia sido conhecido entre os homens como Jesus de Nazaré. Não há nenhum conflito entre o Jesus histórico e o Cristo divino. O Cristo divino que havia levado o nome humano de Jesus é quem constituiu Paulo como apóstolo.[17]

Em segundo lugar, *Paulo mostra o propósito de seu apostolado ... de conformidade com a promessa da vida que está em Cristo Jesus* (1.1b). O evangelho é o único instrumento que pode trazer vida e esperança para a humanidade. Onde reina a morte, o evangelho traz vida; onde reina a guerra, o evangelho promove a paz; onde domina o desespero, o evangelho leva a esperança. O evangelho é a boa-nova para os pecadores agonizantes, é a notícia de que Deus lhes promete vida em Jesus Cristo.[18]

Em terceiro lugar, *Paulo reafirma seu profundo amor por Timóteo. Ao amado filho Timóteo...* (1.2a). Timóteo era o mais próximo companheiro de Paulo desde sua segunda viagem missionária e também seu fiel cooperador. Como seu filho na fé, era objeto de amor especial por parte de Paulo. Sendo Timóteo assaz introvertido, Paulo reafirmava sempre seu amor por ele, a fim de encorajá-lo. Timóteo não era um apóstolo como Paulo; era um irmão em Cristo, um ministro cristão, um missionário e um representante do apóstolo (Cl 1.1).[19]

Em quarto lugar, *Paulo invoca bênçãos divinas sobre Timóteo. ... graça, misericórdia e paz, da parte de Deus Pai e de Cristo Jesus, nosso Senhor* (1.2b). Deus concede graça aos perdidos, misericórdia aos necessitados e paz aos aflitos. Stott diz corretamente que a graça é a bondade de Deus para com os indignos, e a misericórdia é mostrada aos fracos e desamparados, incapazes de ajudarem a si mesmos. Paz, por outro lado, é a restauração da harmonia em vidas arruinadas pela discórdia. Assim, podem-se sintetizar essas três bênçãos do amor de Deus como graça ao indigno, misericórdia ao desamparado e paz ao aflito, permanecendo Deus Pai e Cristo Jesus, nosso Senhor, como a fonte única da qual flui essa tríplice torrente.[20]

A formação espiritual de Timóteo (1.3-8)

Enquanto Paulo ora por Timóteo, relembra sua infância, seu chamado, suas lágrimas, suas lutas, seus desafios. John Stott comenta sobre as quatro maiores influências que contribuíram para a formação de Timóteo. Destacamos a seguir essas contribuições.

Em primeiro lugar, *a formação familiar. Pela recordação que guardo de tua fé sem fingimento, a mesma que, primeiramente, habitou em tua avó Loide e em tua mãe Eunice, e estou certo de que também em ti* (1.5). Paulo recorda tanto o seu passado quanto o passado de Timóteo e afirma que ele procedia de um lar piedoso. Embora o pai de Timóteo fosse grego (possivelmente não convertido), sua mãe e sua avó o criaram desde a infância, ensinando-lhe as sagradas letras. E esse ensino foi tão eficaz que Timóteo exibia uma fé sem fingimento. Vale destacar que Paulo menciona uma fé sem fingimento passando por três gerações: Loide, Eunice e Timóteo, ou seja, avó, mãe e filho.

Em segundo lugar, *a amizade espiritual. Dou graças a Deus, a quem, desde os meus antepassados, sirvo com consciência pura, porque, sem cessar, me lembro de ti nas minhas orações, noite e dia. Lembrado das tuas lágrimas, estou ansioso por ver-te, para que eu transborde de alegria* (1.3,4). O verbo "servir" usado por Paulo é uma das mais importantes palavras gregas. A palavra *latreuo* era usada especialmente para o desempenho de deveres religiosos, particularmente de natureza cúltica, e era empregada no sentido de adorar. A declaração deve ser usada no sentido de que Paulo pensava no judaísmo em estreita conexão com o cristianismo, e sua presente adoração a Deus era, em certo sentido, continuação de sua adoração judaica.[21] A fé do apóstolo Paulo tinha suas raízes na religião de seus antepassados. Era similar à deles. Nessa mesma linha de pensamento, Charles Erdman diz que o cristianismo e o judaísmo não eram para Paulo religiões distintas; aquele era fruto deste. Era seu cumprimento, sua culminação, sua glória. A fé aceita o que Deus revela, e a revelação por meio dos profetas encontra sua plenitude em Jesus Cristo.[22] John N. D. Kelly ainda diz que, embora em certo sentido sua aceitação de Cristo como seu Salvador representasse um rompimento total com sua piedade ancestral, em outro sentido era seu desenvolvimento e florescimento apropriado. A lei cumpriu seu propósito ao levar o apóstolo a Cristo.[23] Concordo com Hendriksen quando ele escreve:

> O que Paulo enfatiza é que ele não está introduzindo uma nova religião. Essencialmente o que agora crê é o que Abraão, Isaque, Jacó, Moisés, Isaías e todos os antepassados piedosos também creram. Há continuidade entre a antiga e a nova dispensação. Os antepassados criam na ressurreição; Paulo também. Esperavam a vinda do Messias; Paulo proclama o mesmo Messias que em forma real havia feito sua aparição. É Roma que mudou sua atitude. É o governo que, depois do incêndio da capital no ano 64, começou a perseguir os cristãos. A consciência de Paulo é pura. O prisioneiro goza de paz no coração e na mente.[24]

Depois da família, ninguém nos influencia mais do que os amigos. Paulo foi o pai na fé de Timóteo e seu grande mentor espiritual. Como intercessor incansável, Paulo mantinha Timóteo em seu coração e em suas orações noite e dia. Em terceiro lugar, *o dom espiritual*. *Por esta razão, pois, te admoesto que reavives o dom de Deus que há em ti pela imposição das minhas mãos* (1.6). Paulo deixa agora os meios usados por Deus para moldar o caráter cristão de Timóteo (seus pais e amigos) para enfocar um dom diretamente dado por Deus a ele.[25] Embora o texto não explicite qual era esse dom, tudo nos faz crer que fora concedido a ele em sua ordenação. Portanto, era um dom espiritual ligado ao exercício do seu ministério. Alford sugere que era "o dom de ensinar e presidir a igreja".[26] Alfred Plummer entendia esse dom como "a autoridade e o poder para ser um ministro de Cristo".[27] Hendriksen é da opinião que se tratava do dom da graça de Deus que capacitava o jovem Timóteo a ser o representante escolhido do apóstolo Paulo.[28]

O vento da perseguição era uma ameaça à chama do dom concedido a Timóteo em sua ordenação. Paulo, portanto, encoraja seu discípulo a remover as cinzas e a reacender esse fogo. No mundo antigo, nunca se mantinha o fogo constante. O fogo era mantido vivo mediante brasas que eram recolocadas em chamas, sempre que a situação o exigisse.[29]

Concordo com Warren Wiersbe quando ele diz que Timóteo não carecia de novos ingredientes espirituais em sua vida; precisava apenas "reavivar" o que já possuía. Na primeira carta a Timóteo, Paulo instruiu seu filho espiritual a não ser negligente com o dom (1Tm 4.14). Agora acrescenta: ... *te admoesto que reavives o dom Deus de que há em ti*.[30] De acordo com Hendriksen, o pano de fundo para essa exortação sugere que o fogo do carisma de Timóteo estava baixo, por algumas razões: 1) Timóteo estava limitado por frequentes enfermidades físicas (1Tm 5.23); 2) Timóteo era naturalmente tímido (1Co 16.10); 3) Timóteo era relativamente jovem (1Tm 4.12; 2Tm 2.22); 4) Os efésios que se opunham a Timóteo eram tenazes no erro (1Tm 1.3-7,19,20; 4.6,7; 6.3-10; 2Tm 2.14-19,23); 5) Os crentes eram perseguidos pelo Estado.[31]

Em quarto lugar, *a disciplina pessoal*. *Porque Deus não nos tem dado espírito de covardia, mas de poder, de amor e de moderação. Não te envergonhes, portanto, do testemunho de nosso Senhor, nem do seu encarcerado, que sou eu; pelo contrário, participa comigo dos sofrimentos, a favor do evangelho, segundo o poder de Deus* (1.7,8). Paulo relembra a Timóteo as qualificações que devem caracterizar um mestre cristão: coragem, poder, amor e domínio próprio. Um pastor não pode ser covarde. Um ministro do evangelho deve ser revestido com o poder de Deus. Um líder cristão precisa ser governado pelo amor. Aqueles que lidam com outras pessoas precisam, sobretudo, ter domínio próprio. A moderação ou domínio próprio é a sanidade da santidade. Nenhum homem pode governar outros se não tem domínio sobre si mesmo.[32]

John N. D. Kelly diz que o evangelho de um Salvador crucificado (1Co 1.23) impressionava os judeus como sendo blasfemo, e os pagãos como sendo puro contrassenso. É compreensível, portanto, que, em uma situação de extrema tensão como aquela vivida pela igreja, uma pessoa tímida como Timóteo (1Co 16.10) sentisse temor diante do inevitável desprezo e ódio suportado por causa do evangelho. Longe de ter vergonha das humilhações e dos sofrimentos de Paulo, Timóteo deveria criar coragem e deles participar. Se assim fizer, redundará em lucro para o evangelho.³³

John Stott diz que o dom é comparado ao fogo. Do verbo grego *anazopureo*, que não aparece em nenhuma outra passagem do Novo Testamento, não se pode deduzir que Timóteo tenha deixado o fogo extinguir-se e deva agora soprar as brasas quase apagadas até que o fogo ressurja. O prefixo *ana* pode indicar tanto aumentar o fogo quanto tornar a acendê-lo. A exortação de Paulo, portanto, é para continuar soprando, a fim de "atiçar aquele fogo interior" e conservá-lo vivo.³⁴ Deus nos dá dons, mas estes precisam ser reavivados. Deus nos dá desafios e também o poder para levá-los a cabo. O medo e a covardia não combinam na vida cristã. O Espírito Santo é Espírito de poder, por isso não precisamos temer a perseguição nem a morte. O Espírito Santo é Espírito de amor; portanto, precisamos servir ao próximo, mesmo correndo sérios riscos. O Espírito Santo é Espírito de moderação, por isso devemos demonstrar domínio próprio, ainda que outros à nossa volta se dispersem em numa debandada geral.

Paulo passa dos fatores que contribuíram na formação de Timóteo para a autenticidade do evangelho. Porém, antes de falar da singularidade do evangelho, exorta Timóteo a não se envergonhar dos ensinos de Cristo (1.8). Embora Timóteo fosse um jovem tímido, não deveria se envergonhar do evangelho. Embora muitos na Ásia não quisessem mais nenhuma associação com Paulo (1.15), em virtude de estar preso, acusado de malfeitor (2.9), Timóteo não deveria se envergonhar de Cristo nem de seu enviado. Envergonhar-se do evangelho (Rm 1.16) é envergonhar-se de Cristo, e aqueles que se envergonham de Cristo, o próprio Cristo se envergonhará deles (Mc 8.38). O Paulo que não se envergonhava (1.12), admoestou Timóteo a não se envergonhar (1.8) e relatou que Onesíforo não tinha vergonha das algemas do apóstolo (1.16).

A singularidade do evangelho (1.9,10)

Paulo passa agora a falar com mais detalhes desse evangelho do qual Timóteo não deveria se envergonhar e pelo qual deveria estar pronto a sofrer. O evangelho é a boa notícia da salvação em Jesus. O nome de Jesus já revela esse fato auspicioso, por significar que *ele salvará o seu povo dos seus pecados* (Mt 1.21). Em seu nascimento, na cidade de Belém, essa verdade foi proclamada pelos anjos (Lc 2.11). O evangelho é chamado por Paulo de *o evangelho da nossa salvação* (Ef 1.13).

O evangelho não é uma invenção do homem, mas uma revelação de Deus. Não tem sua origem no tempo, mas na eternidade. Não vem da terra, mas do céu. No evangelho, devemos crer. O evangelho, devemos guardar. O evangelho, devemos proclamar. Do evangelho, não podemos nos envergonhar. Algumas verdades devem ser aqui destacadas.

Em primeiro lugar, *o propósito do evangelho. Que nos salvou...*(1.9). O evangelho é o único instrumento capaz de dar salvação ao ser humano, pois é a boa-nova acerca de Cristo, sua vida, morte e ressurreição. Nenhuma religião ou credo religioso pode salvar o pecador. Nenhuma obra é suficiente para salvar a humanidade. Só no evangelho a justiça de Deus é revelada. Só no evangelho há salvação. Mas o que é salvação? Concordo com John Stott quando ele diz que salvação é um termo majestoso, que evidencia todo o amplo propósito de Deus, pelo qual ele justifica, santifica e glorifica seu povo. Primeiramente, Deus perdoa suas ofensas e os aceita como justos ao olhá-los através de Cristo;

depois os transforma progressivamente, por intermédio de seu Espírito, para serem conformes à imagem do seu Filho; até que finalmente eles se tornem iguais a Cristo no céu, com um novo corpo, num mundo novo.[35] Nas palavras de Hendriksen, "Deus nos livrou de todos os males e nos colocou na possessão da maior de todas as bênçãos".[36]

Em segundo lugar, *a eficácia do evangelho*. ... *e nos chamou com santa vocação...* (1.9). O mesmo Deus que nos salva por intermédio do sacrifício de Cristo, nos chama eficazmente pela Palavra, pelo poder do Espírito, para a santidade. As Escrituras afirmam que *Deus nos escolheu em Cristo, antes da fundação do mundo, para sermos santos e irrepreensíveis* (Ef 1.4). E dizem ainda: *Deus não nos chamou para a impureza, e sim para a santificação* (1Ts 4.7).

Em terceiro lugar, *a graça soberana do evangelho*. ... *não segundo as nossas obras, mas conforme a sua própria determinação e graça...* (1.9). A salvação não é medalha de honra ao mérito. Não é um troféu que conquistamos, mas uma dádiva divina que recebemos. John N. D. Kelly diz que, se dependesse dos nossos méritos, nossa posição seria na melhor das hipóteses precária e, mediante uma estimativa realista, desesperadora; contudo, visto que depende inteiramente de Deus, nossa confiança pode ser inabalável.[37] A salvação é uma obra soberana de Deus. Ele nos escolhe não pelo critério das obras, mas conforme sua determinação e graça. Ele nos escolhe não com base em nossa fé, mas para a fé. Não pelo critério dos méritos, mas conforme sua graça. Stott tem razão em dizer que a salvação é devida exclusivamente à graça de Deus, e não aos méritos humanos; não às nossas obras realizadas no tempo, mas à determinação que Deus concebeu na eternidade.[38]

Em quarto lugar, *a graça eterna do evangelho. ... que nos foi dada em Cristo Jesus, antes dos tempos eternos* (1.9). A graça, o favor imerecido de Deus, não é uma decisão de última hora; é uma dádiva feita desde a eternidade. Deus nos escolheu em Cristo antes dos tempos eternos (1.9), antes da fundação do mundo (Ef 1.4), desde o princípio (2Ts 2.13). A eleição divina tem sua origem na eternidade, e não no tempo. Deus nos escolheu não porque previu que iríamos crer, mas cremos porque ele nos elegeu. A fé não é a causa, mas a consequência da eleição. A eleição é a mãe da fé (At 13.48).

A eleição não tem sua causa no homem, mas em Deus. Ao mesmo tempo que essa doutrina desperta em nós profunda humildade e gratidão, por excluir todo orgulho próprio, traz também paz e segurança, as quais não dependem de nós mesmos, mas da própria determinação e graça de Deus. Hendriksen tem toda a razão ao dizer que a graça, em virtude de sua natureza, é algo que nos é dado, e não algo que merecemos, embora tenha sido merecida para nós. Também a graça precede as nossas obras, porque já éramos objeto dela antes que o tempo começasse a existir.[39]

Em quinto lugar, *a manifestação do evangelho. E manifestada, agora, pelo aparecimento de nosso Salvador Cristo Jesus, o qual não só destruiu a morte, como trouxe à luz a vida e a imortalidade, mediante o evangelho* (1.10). A graça dada antes dos tempos eternos é agora manifestada no tempo. "Os dois estágios divinos foram em e através de Jesus Cristo; a dádiva foi eterna e secreta, mas a manifestação foi histórica e pública".[40] Cristo, o nosso Salvador, em sua aparição, destruiu a morte (Hb 2.14,15) e trouxe à luz a vida e a imortalidade. Ele derrotou a morte por sua ressurreição e trouxe a vida e a imortalidade pelo evangelho.

Vamos analisar com mais vagar essas duas gloriosas verdades.

Jesus destruiu a morte (1.10). A Palavra de Deus fala sobre três tipos de morte: física, espiritual e eterna. Na morte física, a alma se separa do corpo; na morte espiritual, a alma está separada de Deus; e, na morte eterna, corpo e alma são separados de Deus para sempre. Quando Paulo declara que Jesus destruiu a morte, certamente não está dizendo que a morte já foi eliminada. Pois os homens sem Cristo estão mortos em seus delitos e pecados; todos os homens enfrentarão a morte física, exceto aqueles que estiverem vivos na segunda vinda de Cristo; e muitos experimentarão a segunda morte, ou seja, o inferno. Na verdade, a morte é o último inimigo a ser vencido (1Co 15.26). Só depois da segunda vinda de Cristo é que poderemos dizer: *e a morte já não mais existirá* (Ap 21.4).

O que significa, então, que Jesus destruiu a morte? O verbo grego *katargeo*, traduzido por "destruir", significa tornar ineficiente, sem poder, inútil. John Stott ilustra: "Paulo compara a morte a um escorpião, do qual se arrancou o ferrão; e também a um comandante, cujas tropas foram vencidas".[41] Jesus destruiu a morte no sentido de que, com sua morte, ele matou a morte. Agora, a morte não tem mais poder de nos aterrorizar. Para um cristão, a morte não é mais uma tragédia. Não tem mais a última palavra. Morrer para um cristão é lucro (Fp 1.21). É partir para estar com Cristo, o que é incomparavelmente melhor (Fp 1.23). É deixar o corpo e habitar com o Senhor (2Co 5.8). Os crentes que morrem no Senhor são bem-aventurados (Ap 14.13). A morte tornou-se inofensiva, pois aquele que crê em Cristo, ainda que morra, viverá (Jo 11.25,26). E mais: aquele cujo nome está escrito no livro da vida jamais passará pela segunda morte (Ap 2.11).

Jesus trouxe à luz a vida e a imortalidade (1.10). Esta é a contrapartida positiva. Foi por meio de sua morte e ressurreição que Cristo destruiu a morte. É através do evangelho que ele agora revela o que fez, e oferece aos homens a vida e a imortalidade.[42] Embora só Deus possua vida e imortalidade em si mesmo, Cristo oferece tanto a vida quanto a imortalidade a todos aqueles que nele creem. Teremos um corpo imortal, incorruptível, glorioso, poderoso, espiritual e celestial (1Co 15.42-44), semelhante ao corpo de glória de Cristo (Fp 3.21).

De acordo com John Stott, essas grandes verdades sobre a salvação podem ser resumidas em cinco etapas: a) o dom eterno da graça; b) o aparecimento histórico de Cristo para destruir a morte; c) o convite pessoal que Deus faz ao pecador, por meio da pregação do evangelho; d) a santificação moral dos crentes pelo Espírito Santo; e) a perfeição celestial final, na qual o santo chamamento é consumado.[43] Estou de pleno acordo com o que escreveu Hendriksen:

> É claro que, ainda que aqui e agora o crente receba esta bênção da imortalidade em princípio, e no céu em maior plenitude, não a recebe completamente até o dia da segunda vinda de Cristo. Até que chegue esse dia, os corpos de todos os crentes estarão sujeitos às leis da decadência e da morte. A vida incorruptível, a glorificação, no sentido pleno, forma parte do novo céu e da nova terra. É uma herança reservada para nós.[44]

A responsabilidade de Paulo com o evangelho (1.11,12)

Depois de exaltar a sublimidade do evangelho, Paulo passa a falar sobre sua responsabilidade em relação ao evangelho. Dois pontos merecem destaque aqui.

Em primeiro lugar, *a responsabilidade de anunciar o evangelho. Para o qual eu fui designado pregador, apóstolo e mestre* (1.11). Uma vez que a vida e a imortalidade são concedidas por intermédio do evangelho, é absolutamente necessário proclamar esse evangelho. Não há esperança de salvação para o pecador fora do evangelho. Só existe um evangelho, o evangelho de Cristo, proclamado pelos apóstolos.

Paulo foi designado soberanamente. Seu chamado veio do próprio Cristo. Paulo foi chamado para receber o conteúdo do evangelho como apóstolo, para proclamar o evangelho como pregador, e para ensinar as riquezas do evangelho como mestre. Concordo com o argumento de John Stott de que hoje não temos mais apóstolos. A igreja apostólica é aquela que segue o ensinamento dos apóstolos. Hoje, temos pregadores e mestres, aqueles que proclamam e aqueles que ensinam o evangelho anunciado pelos apóstolos.[45] Na antiguidade, *okerux*, "arauto" ou pregador, era o mensageiro oficial do rei ou imperador que levava a mensagem do rei, e sua mensagem era tratada com grande respeito.[46] O arauto não podia alterar a mensagem. Não representava a si mesmo, mas quem o comissionava. O mestre é aquele que torna clara e compreensível a mensagem do arauto.

Em segundo lugar, *a responsabilidade de sofrer pelo evangelho. E, por isso, estou sofrendo estas coisas; todavia, não me envergonho, porque sei em quem tenho crido e estou certo de que ele é poderoso para guardar o meu depósito até aquele dia* (1.12). Deus nos dá a graça não apenas de crermos e pregar o evangelho, mas também de sofrer pelo evangelho (Fp 1.29). O mundo sempre será hostil ao evangelho. O homem natural repudia o evangelho, pois este é um golpe em seu orgulho. O evangelho revela à humanidade sua total falência espiritual. Mostra que ela está perdida. O ser humano é escravo do diabo, do mundo e da carne. É depravado, pois faz a faz vontade da carne e dos pensamentos e anda segundo o príncipe da potestade do ar. Está condenado, pois é filho da ira. O evangelho é odiado porque mostra que a salvação não é conquistada por mérito humano, mas resultado da escolha soberana de Deus. O evangelho exige o arrependimento do pecador e a necessidade absoluta de ele colocar sua confiança exclusivamente em Cristo, e este crucificado. O evangelho humilha o ser humano e exalta Deus.

Num tempo de amarga perseguição, quando os crentes estavam sendo acusados de crimes horrendos e eram queimados vivos ou decapitados, o próprio Paulo, jogado numa masmorra imunda, fria, escura e insalubre, diz que não se envergonha do evangelho. Hendriksen destaca que, ainda que Paulo estivesse enfrentando ignomínia, não se sentia envergonhado. Junto com outros como José, Jeremias, Daniel, João Batista e Pedro, engrossou a fileira dos prisioneiros da melhor de todas as causas. Além de tudo, o lugar de desonra pode ser o lugar da maior honra, pois não foi Jesus crucificado entre dois malfeitores (1Pe 4.16)?[47]

Paulo tem a convicção de que Deus guardará o seu depósito até o dia final. Que depósito é esse? Os comentaristas estão divididos e sem esperança de consenso quanto a essa resposta. Trata-se do depósito que Deus nos tem confiado? Ou é o depósito que nós confiamos a Deus? Em outras palavras, é o evangelho ou a nossa vida e a nossa completa salvação?[48] Matthew Henry, Guillermo Hendriksen, Charles Erdman e Warren Wiersbe dizem que se trata da salvação da nossa alma e de sua preservação para o reino celestial. No entanto, para outros autores como Lawrence Richards, John N. D. Kelly e John Stott, o contexto mostra que Paulo está falando sobre o evangelho, sobre a fé apostólica. Assim, Paulo tem a convicção de que Deus guardará intacto esse glorioso depósito da verdade para as gerações pósteras. Richards diz que a palavra *paratheke*, *depósito*, só é encontrada aqui e em 1Timóteo 6.20. A imagem é a de uma pessoa que deve realizar uma longa jornada e deixa seus pertences guardados com um amigo até sua volta. Paulo nos lembra de que nossa vida na terra é verdadeiramente uma jornada. Como é bom sabermos que tudo o que é valioso e duradouro está depositado nas mãos do Senhor, que conserva tudo em absoluta segurança até a nossa chegada.[49] Nessa mesma linha de pensamento, John N. D. Kelly explica que *paratheke* é um termo jurídico que evoca alguma coisa que uma pessoa entrega em confiança para salvaguarda de outra pessoa. Esse depósito não é a vida de Paulo nem sua recompensa eterna, mas a mensagem do evangelho. A passagem como um todo expressa assim sua certeza suprema de que, sejam quais forem os infortúnios que possam sobrevir aos seus ministros, o próprio Deus conservará a fé a eles confiada, isenta de corrupção.[50]

John Stott elucida essa posição quando escreve:

> Em última análise, é Deus mesmo quem preserva o evangelho. Ele se responsabiliza por sua conservação. Podemos ver a fé evangélica encontrando oposição em toda parte, e a mensagem apostólica sendo ridicularizada. Talvez vejamos uma crescente apostasia crescer na igreja, muitos de nossa geração abandonando a fé de seus pais. Mas não temos nada a temer! Deus nunca permitirá que a luz do evangelho se apague. Ele mesmo é o seu melhor vigia; ele saberá preservar a verdade que confiou à Igreja. Isso nós sabemos, porque sabemos em

quem depositamos a nossa confiança, e em quem continuamos a confiar.[51]

Não obstante os importantes arrazoados desses ilustres comentaristas, penso que Hendriksen tem razão em defender a posição de que *paratheke*, depósito, aqui, não é o evangelho, mas sua vida e sua salvação. Vejamos os argumentos de Hendriksen:[52]

1) Quando se trata do evangelho, é Timóteo quem deve guardá-lo (1.14; 1Tm 6.20); aqui, porém, o guardador é o próprio Deus (1.12). O foco não está no depósito que Deus confiou a Paulo e Timóteo, mas no depósito que Paulo confiou a Deus.

2) O contexto imediato favorece essa interpretação. Paulo acabara de dizer: ... *porque eu sei em quem tenho crido* (1.12a) e agora conclui: ... *e estou certo de que ele é poderoso para guardar o meu depósito até aquele Dia* (1.12b). Portanto, o depósito aqui é o que Paulo confia a Deus, e não o que Deus confia a ele.

3) As palavras anteriores (1.10) também apoiam esse ponto de vista. Paulo acabara de falar a respeito da vida incorruptível. Porém, o crente não recebe a plenitude desta vida agora, senão na segunda vinda de Cristo, quando seremos revestidos da imortalidade e da incorruptibilidade. Daí, a ideia do versículo 12 é de que esta vida verdadeiramente imortal, possuída já *em princípio*, e depositada nas mãos de Deus para ser guardada, lhe será devolvida, *gloriosamente, naquele Dia*, o dia da grande consumação (4.18).

4) A ideia de uma herança, ou um tesouro, guardada por Deus se encontra também em outros lugares, às vezes com um sentido ligeiramente diferente (1Pe 1.4).

5) Conforme as palavras de Jesus quando morreu na cruz (Lc 23.46), seu espírito fora *encomendado* ao Pai e é reunido ao terceiro dia com o corpo, agora gloriosamente ressuscitado.

A responsabilidade de Timóteo com o evangelho (1.13,14)

Depois de dar seu exemplo, Paulo mostra a Timóteo que ele também estava sob a mesma responsabilidade em relação ao evangelho. Chamo sua atenção para três verdades no texto.

Em primeiro lugar, *o evangelho precisa ser claramente compreendido. Mantém o padrão das sãs palavras que de mim ouviste com fé e com o amor que está em Cristo Jesus* (1.13). As *sãs palavras* e o *bom depósito* que Timóteo ouviu de Paulo são o conteúdo do evangelho, a fé apostólica. Esse evangelho precisa ser claramente entendido, totalmente assimilado, para ser fielmente anunciado. Nenhum pregador tem o direito de alterar a mensagem do evangelho. Acrescentar ou tirar alguma coisa do evangelho é desfigurá-lo.

Em segundo lugar, *o evangelho precisa ser zelosamente preservado. Guarda o bom depósito*...(1.14a). Num tempo em que muitos crentes estavam abandonando a carreira cristã, com medo da perseguição ou vitimados pela sedução dos falsos mestres, Timóteo deveria guardar intacto o conteúdo da fé apostólica. A fé apostólica, *o bom depósito*, é um tesouro depositado em custódia na igreja. Cristo o confiou a Paulo; e Paulo, por sua vez, o confiou a Timóteo.[53] O verbo grego *phylasso*, traduzido por "guardar", tem o sentido de guardar algo "para que não se perca nem se danifique". Fora há falsos mestres prontos a corromper o evangelho e deste modo roubar da igreja o inestimável tesouro que lhe foi confiado.[54] Deus havia entregue a Paulo o depósito da verdade (1Tm 1.11), e o apóstolo passara esse depósito adiante para Timóteo (1Tm 6.20). Agora, cabia a Timóteo a responsabilidade solene de mantê-lo (1.13), guardá-lo (1.14) e transmiti-lo a outros (2.2).[55]

Em terceiro lugar, *o evangelho só pode ser preservado pela ajuda do Espírito que habita em nós. ... mediante o Espírito Santo que habita em nós* (1.14b). O Espírito Santo é o Espírito da verdade. Portanto, é ele quem nos guia a toda a verdade e nos dá poder para enfrentarmos tanto a perseguição do mundo quanto a sedução do erro.

Decepções e alegrias por causa do evangelho (1.15-18)

Depois de exortar Timóteo a guardar o evangelho, Paulo mostra que, diante da perseguição, muitos crentes abandonarão as fileiras do evangelho. Ao longo da carta, Paulo encoraja Timóteo a não se envergonhar do evangelho nesse tempo de prova (1.8, 12; 2.3,9; 3.12; 4.6,18).

É durante a provação que conhecemos os verdadeiros amigos e os verdadeiros crentes. Há aqui um clássico exemplo dessa verdade. Vamos explorá-lo com mais vagar.

Em primeiro lugar, *a deserção nos tempos de prova. Estás ciente de que todos os da Ásia me abandonaram; dentre eles cito Fígelo e Hermógenes* (1.15). Warren Wiersbe diz que, naquele tempo, a província da Ásia era constituída pelos territórios romanos de Lídia, Mísia, Cária e Frígia. Em sua segunda viagem missionária, Paulo foi proibido de ministrar nessa região (At 16.6); mas, em sua terceira viagem, permaneceu por quase três anos em Éfeso, capital da Ásia (At 20.31), e evangelizou a província inteira. As sete igrejas da Ásia eram todas dessa região.[56] Houve um grande reavivamento espiritual em Éfeso e o fogo desse reavivamento espalhou--se por toda a província. Nesse tempo é que foram plantadas as igrejas de Esmirna, Pérgamo, Tiatira, Sardes, Filadélfia, Laodiceia, Hierápolis e Colossos.

Em virtude do incêndio de Roma entre 17 e 24 de julho de 64 d.C., e da imputação desse crime hediondo aos cristãos, e, ainda, em virtude da prisão de Paulo, o grande líder do cristianismo, especialmente na Ásia, e de seu iminente martírio, todos os amigos e companheiros de Paulo da Ásia o abandonaram. Fígelo e Hermógenes talvez tenham sido os líderes dessa deserção. Muitos crentes da Ásia poderiam ter ido a Roma testemunhar a favor de Paulo, mas não o fizeram. Sentiram vergonha. Na primeira defesa de Paulo, ninguém se manifestou a seu favor (4.16). Aquele era um tempo em que a fé apostólica corria sérios riscos. A ameaça vinha de dois flancos: da perseguição política e da invasão dos falsos mestres. Depois do grande despertamento ocorrido em Éfeso, quando as pessoas denunciaram publicamente suas obras e abandonaram a idolatria, rompendo com a feitiçaria, seguiu-se grande deserção. Moule chega a dizer que "a todos os olhos, menos aos da fé, deve ter parecido que o evangelho estava às vésperas da extinção".[57]

Em segundo lugar, *a lealdade nos tempos de prova* (1.16-18). No meio dessa debandada geral, Onesíforo, cujo nome significa "portador de préstimos", é como um lírio que floresce no lodo. É um solo de lealdade no meio de um coral de abandono. Hendriksen diz que "a beleza de seu caráter e a nobreza de suas ações se destacam claramente no obscuro transfundo da triste conduta de todos os que estão na Ásia".[58] A fidelidade de Onesíforo constitui-se num estímulo para Timóteo permanecer firme em seu ministério, sem se envergonhar do evangelho e de seu embaixador em cadeias. Destacamos aqui quatro fatos acerca desse precioso amigo e Paulo.

1. *Onesíforo, um amigo abençoador.* ... *e tu sabes, melhor do que eu, quantos serviços me prestou ele em Éfeso* (1.18b). Durante os três anos que Paulo passou em Éfeso, ele se desdobrou para servir a Paulo em diversas circunstâncias e ocasiões, uma vez que ali possuía residência (4.19). Onesíforo era um homem prestativo. Estava sempre buscando formas e meios para ajudar Paulo em sua missão de pregar o evangelho.

2. *Onesíforo, um amigo consolador.* ... *porque, muitas vezes, me deu ânimo e nunca se envergonhou das minhas algemas* (1.16). Onesíforo não apenas serviu de forma multiforme a Paulo em Éfeso, mas também o animou muitas vezes, quando o apóstolo estava vivendo os dias cinzentos da prisão na antessala de seu martírio. Onesíforo, diferentemente de outras pessoas da Ásia, não fugiu de Paulo por causa de sua prisão, mas o incentivou várias vezes e não se envergonhou de suas algemas. O termo grego para ânimo significa "refrescar", e a frase pode também ser traduzida por "envolveu-me como ar fresco". Onesíforo foi uma espécie de "brisa fresca" para Paulo em seus momentos de provação.[59]

3. *Onesíforo, um amigo encorajador. Antes, tendo ele chegado a Roma, me procurou solicitamente até me encontrar* (1.17). Onesíforo fez uma longa viagem de Éfeso a Roma, num tempo em que os crentes eram queimados vivos ou decapitados. Desconhecendo o paradeiro de Paulo, ou seja, em que masmorra se encontrava, procurou-o perseverantemente até encontrá-lo. Ele poderia ter desistido após várias buscas inglórias. Mas não desistiu até encontrar Paulo, para estar a seu lado nos momentos mais difíceis de sua vida. De fato, Onesíforo era um amigo encorajador!

4. *Onesíforo, um amigo que colhe o que semeou. Conceda o Senhor misericórdia à casa de Onesíforo* [...]. *O Senhor lhe*

conceda, naquele Dia, achar misericórdia da parte do Senhor (1.16a,18a). Onesíforo semeou misericórdia, e Paulo roga a Deus misericórdia para ele e sua casa. Os misericordiosos alcançarão misericórdia (Mt 5.7). Concluímos este capítulo destacando que Paulo fez dois grandes apelos a Timóteo: primeiro, Timóteo deveria se unir a ele no sofrimento pelo evangelho (1.8); e, segundo, Timóteo deveria guardar o bom depósito que lhe fora confiado (1.13,14). A base para o apelo são a obra do Espírito (1.6,7,14), Cristo e o evangelho (1.9,10), e o exemplo de Paulo (1.11,12) e Onesíforo (1.16-18).[60]

Notas do capítulo 2

[16] STOTT, John. *Tu, porém: a mensagem de 2Timóteo*, p. 14-15.
[17] ERDMAN, Charles. *Las Epístolas Pastorales a Timoteo y a Tito*, p. 95.
[18] STOTT, John. *Tu, porém: a mensagem de 2Timóteo*, p. 15.
[19] IBID., p. 17.
[20] IBID.
[21] RIENECKER, Fritz; ROGERS, Cleon. *Chave linguística do Novo Testamento Grego*. São Paulo: Vida Nova, 1985, p. 472.
[22] ERDMAN, Charles. *Las Epístolas Pastorales a Timoteo y a Tito*, p. 98.
[23] KELLY, John N. D. *I e II Timóteo e Tito: introdução e comentário*. São Paulo: Vida Nova, 1999, p. 147.

[24] HENDRIKSEN, Guillermo. *1 y 2 Timoteo y Tito*. Grand Rapids: TELL, 1979, p. 256.
[25] STOTT, John. *Tu, porém: a mensagem de 2Timóteo*, p. 19.
[26] ALFORD, Henry. *The Greek Testament: A Critical and Exegetical Commentary*. Londres: Rivington, p. 342.
[27] PLUMMER, Alfred. The Pastoral Epistles. In: *The Expositor's Bible*. Nova York: A. C. Armstrong & Son, 1889, p. 314.
[28] HENDRIKSEN, Guillermo. *1 y 2 Timoteo y Tito*, p. 259.
[29] RIENECKER, Fritz; ROGERS, Cleon. *Chave linguística do Novo Testamento Grego*, p. 472.
[30] WIERSBE, Warren W. *Comentário bíblico expositivo*. Vol. 6. Santo André: Geográfica, 2006, p. 313-314.
[31] HENDRIKSEN, Guillermo. *1 y 2 Timoteo y Tito*, p. 259.
[32] BARCLAY, William. *I y II Timoteo, Tito y Filemon*, p. 154.
[33] KELLY, John N. D. *I e II Timóteo e Tito: introdução e comentário*, p. 151-152.
[34] STOTT, John. *Tu, porém: a mensagem de 2Timóteo*, p. 20-21.
[35] STOTT, John. *Tu, porém: a mensagem de 2Timóteo*, p. 26.
[36] HENDRIKSEN, Guillermo. *1 y 2 Timoteo y Tito*, p. 263.
[37] KELLY, John N. D. *I e II Timóteo e Tito: introdução e comentário*, p. 153.
[38] STOTT, John. *Tu, porém: a mensagem de 2Timóteo*, p. 27.
[39] HENDRIKSEN, Guillermo. *1 y 2 Timoteo y Tito*, p. 264.
[40] STOTT, John. *Tu, porém: a mensagem de 2Timóteo*, p. 28.
[41] IBID., p. 29.
[42] IBID., p. 29-30.
[43] IBID., p. 31.
[44] HENDRIKSEN, Guillermo. *1 y 2 Timoteo y Tito*, p. 265.
[45] STOTT, John. *Tu, porém: a mensagem de 2Timóteo*, p. 33.
[46] BARCLAY, William. *I y II Timoteo, Tito y Filemon*, p. 158.
[47] HENDRIKSEN, Guillermo. *1 y 2 Timoteo y Tito*, p. 266.
[48] IBID., p. 266.
[49] RICHARDS, Lawrence O. *Comentário histórico-cultural do Novo Testamento*. Rio de Janeiro: CPAD, 2012, p. 475.
[50] KELLY, John N. D. *I e II Timóteo e Tito: introdução e comentário*, p. 155-156.
[51] STOTT, John. *Tu, porém: a mensagem de 2Timóteo*, p. 38-39.
[52] HENDRIKSEN, *Guillermo. 1 y 2 Timoteo y Tito*, p. 267-268.
[53] STOTT, John. *Tu, porém: a mensagem de 2Timóteo*, p. 36.
[54] IBID.

⁵⁵ WIERSBE, Warren W. *Comentário bíblico expositivo*, p. 316.
⁵⁶ IBID.
⁵⁷ MOULE, Handley C. G. *The Second Epistle to Timothy*, p. 16.
⁵⁸ HENDRIKSEN, Guillermo. *1 y 2 Timoteo y Tito*, p. 270.
⁵⁹ WIERSBE, Warren W. *Comentário bíblico expositivo*, p. 317.
⁶⁰ FEE, Gordon; STUART, Douglas. *Como ler a Bíblia livro por livro*, p. 451.

Capítulo 3

Os desafios do pregador do evangelho
(2Tm 2.1-26)

DEPOIS DE MENCIONAR a debandada geral dos crentes da Ásia e destacar o exemplo de Onesíforo e de sua casa, Paulo exorta Timóteo a fortificar-se na graça. A vida cristã é uma luta sem trégua. Desenrola-se num campo de batalha. Não podemos entrar nessa peleja fiados em nossa força nem estribados em nosso entendimento. Somos fracos demais para arrostar inimigos tão medonhos. Precisamos de poder, e esse poder não está no braço da carne, mas na graça que está em Cristo Jesus. Concordo com John Stott quando ele diz que não dependemos da graça para a salvação somente (1.9), mas também para o serviço (2.1). [61]

Timóteo, como filho na fé do apóstolo Paulo, deve guardar o evangelho intacto e comunicá-lo com fidelidade. O veterano apóstolo, então, lança mão de várias figuras para fixar em nossa mente a importância do ministério da Palavra. Vejamos quais são essas figuras.

O mordomo (2.1,2)

Não somos os donos da mensagem; somos mordomos dela. Não criamos a mensagem; apenas a transmitimos. Devemos fazê-lo com integridade e senso de urgência.

Destacamos aqui alguns pontos importantes para a nossa reflexão.

Em primeiro lugar, *o exercício do ministério exige uma força sobrenatural. Tu, pois, filho meu, fortifica-te na graça que está em Cristo Jesus* (2.1). Os tempos eram difíceis. Havia uma crudelíssima perseguição política, uma invasora perturbação dos falsos mestres e uma debandada geral dos crentes. Num cenário tão cinzento, Timóteo, que era jovem, tímido e doente, não poderia permanecer firme sem uma capacitação da graça. A graça não está em Paulo nem na igreja, está em Cristo Jesus. Não há vida cristã vitoriosa sem poder sobrenatural. Esse poder não vem da terra, mas do céu; não vem dos talentos humanos, mas da graça de Cristo Jesus. Embora o vaso humano seja de barro, o poder que está nele é divino.

Em segundo lugar, *a força para a realização do ministério vem do próprio Senhor Jesus* (2.1). Jesus já havia deixado isso claro: *Sem mim, nada podeis fazer* (Jo 15.5). Paulo também já havia escrito: *A nossa suficiência vem de Deus* (2Co 3.5). A capacitação não vem do conhecimento intelectual nem da influência eclesiástica; vem da graça que está em Cristo Jesus. Os recursos para a realização do ministério não estão em nós mesmos; estão em Cristo. Dele emana todo o poder. Ele é a fonte de toda capacitação.

Em terceiro lugar, *o mordomo não apenas preserva, mas também transmite o evangelho. E o que de minha parte ouviste através de muitas testemunhas, isso mesmo transmite a homens fiéis e também idôneos para instruir a outros* (2.2). Não basta preservar o evangelho intacto, sem a contaminação das heresias disseminadas pelos falsos mestres; o evangelho precisa também ser transmitido com fidelidade. Concordo com Hans Burki quando ele diz: "A melhor maneira de preservar o evangelho é transmiti-lo".[62] O evangelho deve ser transmitido sem acréscimo nem subtração. É fato que a mensagem cristã por vezes se torna diluída ou poluída, requerendo que em toda geração haja a restauração da glória e do poder primitivos do evangelho.[63]

O que Timóteo recebeu de Paulo, isso ele deve transmitir a homens fiéis e idôneos, os quais devem instruir outros indivíduos fiéis e idôneos, numa cadeia constante. Essa é a verdadeira sucessão apostólica. Não é sucessão de ofício, mas continuidade de mensagem apostólica. Duas coisas são exigidas aqui: fidelidade e capacidade de ensinar. Alguns são fiéis, porém não são capazes de transmitir o que receberam para favorecerem os destinatários. Outros têm aptidão pedagógica, mas não são fiéis na fé e no serviço.[64]

William Barclay diz acertadamente que "todo cristão deve ver em si mesmo um vínculo entre duas gerações. Ele não somente recebe a fé, mas também deve transmiti-la a outros. Receber a fé é um privilégio; transmiti-la é uma responsabilidade. A tocha do evangelho precisa ser passada de geração a geração sem se apagar".[65] Nessa transmissão da verdade de mão em mão, Paulo divisa quatro estágios.[66]

1. *A fé fora confiada a Paulo por Cristo*. Paulo chama essa fé de *meu evangelho* (1.12). Paulo não a recebeu nem a aprendeu de homem algum, mas mediante revelação de Jesus Cristo (Gl 1.11,12).

2. *O que por Cristo fora confiado a Paulo, este por sua vez o confiou a Timóteo*. Assim, *o meu depósito* (1.12) passa a ser *o bom depósito* (1.14). A mesma verdade confiada a Paulo é, agora, confiada a Timóteo. Esta verdade corresponde às *sãs palavras* que Timóteo ouvira de Paulo por intermédio de muitas testemunhas.

3. *O que Timóteo ouviu de Paulo, ele deve agora confiá-lo a homens fiéis*. Os despenseiros de Deus devem ser fiéis (1Co 4.1,2). Devem ser homens confiáveis, leais e íntegros tanto no caráter quanto na mensagem.

4. *Tais homens devem ser idôneos para instruir os outros*. A verdadeira sucessão apostólica, diz Stott, percorre os quatro estágios na transmissão da verdade até atingir este último: de Cristo a Paulo, de Paulo a Timóteo, de Timóteo a *homens fiéis*, e *de homens fiéis* a *outros*. Ou seja, é uma sucessão de tradição apostólica em vez de uma sucessão de autoridade, sequência ou ministério apostólico. Deve ser uma transmissão da doutrina dos apóstolos, deles recebida sem distorções pelas gerações posteriores, passada de mão em mão como a tocha olímpica.[67]

Em quarto lugar, *a mensagem e o mensageiro precisam estar em harmonia* (2.2). O evangelho apostólico precisa ser transmitido a homens fiéis e idôneos. A igreja cristã depende dessa cadeia ininterrupta de mestres.[68] A vida de quem prega precisa estar em sintonia com a mensagem pregada. A vida do pregador é a vida da sua mensagem. Homens infiéis e inidôneos estão desqualificados para instruir outras pessoas. A vida do pregador é a vida da sua mensagem.

O soldado (2.3,4)

O apóstolo Paulo passa da figura do mordomo para a figura do soldado. Ele já havia ensinado que a vida cristã é um luta sem trégua contra os principados e potestades e que, por essa razão, todo cristão deve estar revestido com a armadura de Deus, equipado com as armas espirituais.[69] O ministério tem certas semelhanças com a carreira militar. Epíteto afirmou: "A vida de todo homem é uma espécie de militância, uma militância ampla e variada".[70] E Sêneca sintetizou: "Viver é ser um soldado".[71] Nesse sentido, há quatro verdades que destacamos a seguir.

Em primeiro lugar, *o obreiro cristão precisa ser um bom soldado*. Participa dos meus sofrimentos, como bom soldado de Cristo Jesus (2.3). Não basta ser um soldado; é preciso ser um bom soldado. Não basta ser um obreiro; é preciso ser um bom obreiro. Há muitos obreiros que fazem a obra do Senhor relaxadamente. Aquele que exerce o ministério deve fazê-lo com excelência, e isso precisa ser demonstrado tanto no caráter pessoal quanto no exercício de sua função.

Em segundo lugar, *o obreiro cristão precisa estar disposto a sofrer* (2.3). A vida cristã não é um parque de diversões, mas um campo de batalha. O obreiro não é um turista, mas um soldado. Não vive buscando deleites e prazeres, mas está pronto a sofrer. Muitas vezes, o papel do soldado é colocar seu corpo como parede viva entre o inimigo e aqueles a quem ele ama. É sacrificar-se por aqueles a quem defende. Não há ministério indolor. Não há vida cristã sem sofrimento. Não há cristianismo genuíno sem dor. A cruz precede a coroa. "Nenhum soldado vai à guerra cercado de luxúrias, nem vai à batalha deixando um quarto confortável, mas sim uma tenda estreita e provisória, em que há muita dureza, severidade e desconforto. De igual modo, o cristão não deve esperar dias fáceis. Sua fidelidade a Cristo certamente lhe acarretará oposição e escárnio".[72] Em terceiro lugar, *o obreiro cristão precisa ser focado no que faz. Nenhum soldado em serviço se envolve em negócios desta vida...* (2.4a). A palavra grega *empleketai*, traduzida por "envolver-se", retrata a arma de um soldado embaraçada em sua armadura.[73] O ministro de Deus não pode ser uma pessoa distraída com muitos afazeres. Não pode ter a mente dividida com muitos interesses. Seu coração não pode ser um solo cheio de espinhos, no qual a fascinação do mundo, as riquezas e os prazeres da vida concorram e disputem espaço. O obreiro precisa ser um indivíduo focado. Precisa dedicar-se integralmente, de corpo e alma, ao que está fazendo. A disciplina deve ser uma prova de seu comprometimento. Barclay cita o Código Romano de Teodósio: "Proibimos que os homens arrolados no serviço militar se comprometam com ocupações civis".[74] Requer-se deles devoção integral a seu trabalho.

Um soldado não vai à guerra a suas expensas. Sua dedicação deve ser exclusiva, e sua atenção inteiramente precisa estar voltada ao seu trabalho. Esse deve ser, também, o ideal para os obreiros que se dedicam à causa do evangelho. A ordenança bíblica é que aqueles que pregam o evangelho devem, da mesma forma, viver do evangelho (1Co 9.14).

Em quarto lugar, *o obreiro cristão precisa ser fiel ao seu comandante... porque o seu objetivo é satisfazer àquele que o arregimentou* (2.4b). Nenhum soldado vai à guerra para agradar a si mesmo ou fazer a própria vontade. Ele está sob comando. Trabalha debaixo de ordens. Seu papel é fazer o que o comandante lhe ordena. Seu propósito é agradar aquele que o arregimentou. Não trabalhamos para nós mesmos. Não fazemos o que nós mesmos desejamos nem queremos agradar aos homens. Somos soldados de Cristo. Fomos alistados por ele. Devemos obedecer-lhe e honrá-lo com uma pronta e humildade submissão.

Barclay tem razão em dizer que o soldado, envolto no *front* da batalha, não pode ver a totalidade de situação. Deve deixar as decisões para o comandante, que vê todo o campo de batalha. O primeiro dever de um cristão é obedecer à voz de Deus e aceitá-la ainda que não possa compreendê-la plenamente.[75]

O atleta (2.5)

Da figura do soldado, Paulo passa a outra de suas figuras favoritas, a do atleta. Nenhum atleta se prepara para a derrota; prepara-se para a vitória. Três verdades devem ser aqui destacadas.

Em primeiro lugar, *o atleta prepara-se antes de entrar no estádio. Igualmente, o atleta não é coroado se não lutar segundo as normas* (2.5). Um atleta é uma pessoa disciplinada. Cuida de seu corpo, saúde, descanso, exercício e alimentação. Sua autodisciplina é fundamental para o sucesso da competição. O que o atleta é e faz fora de campo é determinante para seu bom desempenho dentro de campo. Gould tem razão em afirmar que é a preparação para a competição, e não a competição em si, que está em foco aqui. O atleta não tem chance de vitória, a menos que obedeça a certas condições prévias; ele tem de passar pelo treinamento necessário e limitar-se a determinada dieta.[76]

Muitos atletas de talento destroem sua carreira porque são desregrados em sua vida pessoal. Entregam-se aos prazeres da vida e envolvem-se com práticas nocivas à sua saúde física e emocional. Por isso, quando entram em campo, não têm força física nem concentração emocional suficientes para os grandes embates. O mesmo se aplica ao atleta de Cristo. Sua preparação física, emocional e espiritual são determinantes para o seu êxito em sua atividade. Um corredor, ao entrar no estádio, precisa se desvencilhar de todo peso (Hb 12.1,2). Um atleta precisa esmurrar seu corpo através de severa disciplina e pesado treinamento, para não ser desqualificado na competição (1Co 9.24-27). Há momentos em que não desejamos orar; há outros em que é muito atrativo o caminho fácil; há ocasiões em que o correto é difícil; e outras em que nosso desejo é afrouxar nossas normas. Mas o cristão é um indivíduo disciplinado.[77]

Em segundo lugar, *o atleta entra no estádio para vencer* (2.5). Um atleta convencional pode entrar numa competição e ganhar ou perder, mas o ministro de Deus já entra em campo como vencedor. Embora nossa luta seja contra seres malignos, nossa vitória é garantida. Estamos organicamente unidos ao vencedor. Cristo é o cabeça, e nós somos o corpo. Cristo é a Videira verdadeira, e nós somos os ramos. A seiva que nos dá vida emana de Cristo. O poder que nos capacita vem de Cristo. Morremos com ele, ressuscitamos nele e vivemos para ele.

Em terceiro lugar, *o atleta só recebe a recompensa se competir segundo as normas* (2.5). Um atleta deve seguir as leis da disputa e jamais pode tornar mais leve seu trabalho quebrando as regras.[78] O atleta pode ter um desempenho superior aos demais competidores, mas, se não correr segundo as normas, será inevitavelmente desqualificado. Tentar burlar as normas para alcançar alguma vantagem é uma atitude indigna de um atleta.

Muitos conquistam medalhas em competições olímpicas e depois as perdem, por se descobrir, mais tarde, que alguma norma da competição foi quebrada. O obreiro, de igual forma, precisa ser íntegro. Sua vida é a base de seu ministério. Seu caráter é o alicerce de sua liderança. Sua integridade, o fundamento de sua vida. John Stott corretamente diz que nenhum atleta era coroado se não tivesse competido de acordo com as regras, mesmo que o seu desempenho tivesse sido brilhante. Fora do regulamento não há prêmio, essa era a palavra de ordem.[79]

Para passar o evangelho adiante, podemos imaginar a modalidade esportiva do revezamento: o evangelho é a tocha da vida; de cada um se demanda máximo empenho, de todos se espera que estejam entrosados entre si.[80] Se falharmos em transmitir o evangelho todo, por toda a igreja, a toda a criatura, em todo o mundo, em nossa geração, teremos fracassado em nossa missão.

O lavrador (2.6)

O apóstolo deixa uma imagem cheia de emoção, com milhares de espectadores, para o trabalho anônimo e sem emoção de um lavrador. Se o atleta desempenha sua tarefa debaixo dos holofotes, o lavrador faz a sua obra sob o manto do anonimato. Três fatos devem ser ressaltados aqui.

Em primeiro lugar, *o lavrador precisa trabalhar arduamente. O lavrador que trabalha deve ser o primeiro a participar dos frutos* (2.6). Nenhum lavrador preguiçoso consegue resultados abundantes na lavoura. Dizem as Escrituras: *O preguiçoso não lavra por causa do inverno, pelo que, na sega, procura e nada encontra* (Pv 20.4). Ainda diz a Palavra de Deus: *Passei pelo campo do preguiçoso e junto à vinha do homem falto de entendimento; eis que tudo estava cheio de espinhos, a sua superfície, coberta de urtigas, e o seu muro de pedra, em ruínas* (Pv 24.30,31). O lavrador é um indivíduo que acorda cedo, entrega-se à lide e trabalha incansavelmente para lutar contra a pobreza do solo, a hostilidade do tempo, a força das ervas daninhas e o ataque das pragas. Ele põe a mão no arado e não olha para trás. Seu trabalho é extenuante e desprovido de emoção. Não existem espectadores nas arquibancadas nem aplausos dos homens ao suor do seu rosto e lágrimas, as quais, muitas vezes, regam o solo duro de sua semeadura.

Em segundo lugar, *o lavrador não administra o resultado de seu trabalho* (2.6). O lavrador depende do tempo, do solo e da semente. Ele prepara o terreno, semeia e rega, mas não pode dar vida à semente nem controlar o tempo. Seu trabalho depende exclusivamente daquilo sobre o que ele não tem controle. O lavrador precisa ter paciência (Tg 5.7). Deve aprender que não existem resultados rápidos.

Em terceiro lugar, *o lavrador usufrui os frutos do seu trabalho* (2.6). O lavrador não apenas tem o direito aos frutos, mas lhe cabe o privilégio das primícias. Ele não apenas semeia com lágrimas, mas colhe com júbilo. Não apenas depende do provedor, mas usufrui as primícias da provisão. Paulo tem em mente o sustento material que o líder apostólico tem direito de esperar da parte da comunidade na qual tem labutado (1Co 9.10,11; 1Tm 5.17,18).[81]

Paulo se refere a que colheita? Primeiro, pode ser à colheita da santidade. Se semeamos no Espírito, colhemos o fruto do Espírito (Gl 5.6; 6.8). Segundo, à colheita de conversões. Cabe ao agricultor semear e regar e compete ao Senhor dar o crescimento (1Co 3.6,7). Quando o semeador semeia com lágrimas, volta com júbilo, trazendo os seus feixes (Sl 126.5,6).

Antes de entrar no próximo parágrafo, sintetizaremos o que já foi escrito até aqui, com as palavras de Barclay:

Há uma coisa comum nas imagens mencionadas. O soldado é sustentado pela crença na vitória final. O atleta pela visão da coroa. O lavrador pela esperança da colheita. Cada um deles se submete à disciplina e ao trabalho pela glória que obterão. O mesmo sucede com o cristão. A luta cristã não é uma luta sem fim; não é um esforço sem meta. O cristão está absolutamente seguro de que, depois do esforço na vida cristã, vem o gozo do céu; em quanto mais se luta, maior é a recompensa.[82]

Meditação e iluminação (2.7)

Depois de compartilhar quatro figuras vívidas acerca do ministério, Paulo instrui Timóteo a ponderar sobre as verdades que essas figuras encerram e a rogar a Deus a iluminação para aprofundar seu entendimento espiritual. Stott diz que há pelo menos duas importantes implicações na combinação de meditação (humana) e iluminação (divina) para quem queira apossar-se da dádiva da compreensão, prometida pelo Senhor.

Em primeiro lugar, *a meditação humana. Pondera o que acabo de dizer...*(2.7a). Paulo nada vê de anormal em sustentar que o seu ensino, como apóstolo, merece um estudo cuidadoso. Está ciente de que o seu evangelho é a própria Escritura. Equipara *o meu evangelho* (2.8) com *a palavra de Deus* (2.9). Buscar a iluminação sem o estudo é agir como um agricultor que deseja colher sem semear. Deus não premia os preguiçosos, mas aqueles que se afadigam na Palavra (1Tm 5.17).

Em segundo lugar, *a iluminação divina ... porque o Senhor te dará compreensão em todas as coisas* (2.7b). O Espírito Santo é o autor das Escrituras. Toda a Escritura é inspirada por Deus (3.16). E o mesmo Espírito que a inspirou ilumina a nossa mente para a compreendermos. Concordo com John Stott quando ele diz que "não devemos desunir o que Deus uniu, pois para a compreensão das Escrituras é essencial uma combinação equilibrada de meditação e de oração. A nós compete 'ponderar'; e o Senhor providenciará para nós a 'compreensão'".[83]

Lembranças que fortalecem a alma (2.8)

Depois de mostrar a imagem do mordomo, soldado, atleta e lavrador, Paulo mostra o maior de todos os chamados: a recordação de Jesus Cristo. Aqui está o coração do evangelho paulino.[84] O tempo do verbo em grego, chamado presente contínuo, não implica um ato levado a cabo em um momento definido, mas uma afirmação contínua que permanece para sempre. Timóteo deveria recordar não apenas o evento histórico da ressurreição, mas, sobretudo, a sua presença entre nós, para sempre. Quando nos ameaçam os temores e quando nos assaltam as dúvidas, devemos recordar a presença do Senhor ressuscitado conosco.[85] Numa época de perseguição e apostasia, Timóteo deveria desviar os olhos dessas circunstâncias desanimadoras e colocar a mente em Cristo. Jesus morreu e ressuscitou. A morte não pôde retê-lo. Porque ele se humilhou até a morte, e morte de cruz, Deus o exaltou sobremaneira e lhe deu o nome que está acima de todo nome. A humilhação é o caminho da glorificação, e a cruz, o prelúdio da coroa. O que Paulo está dizendo a Timóteo é: "Timóteo, quando você estiver tentando evitar sacrifícios, humilhação, sofrimento ou morte em seu ministério, lembre-se de Jesus Cristo, e reconsidere tudo!".[86] Concordo com John N. D. Kelly em que a sugestão provável é que até mesmo Jesus teve de palmilhar o caminho da cruz e provar a morte antes de ser exaltado.[87]

Três fatos devem ser aqui observados.

Em primeiro lugar, *devemos nos lembrar da natureza divino-humana de Jesus. Lembra-te de Jesus Cristo...* (2.8a). Ele é o Verbo que se fez carne. O Jesus histórico é o mesmo Cristo divino. As palavras *descendente de Davi* retratam a sua humanidade, enquanto as palavras *ressuscitou de entre os mortos* atestam a sua divindade.[88]

Em segundo lugar, *devemos nos lembrar de que Jesus venceu a morte. ... ressuscitado de entre os mortos...* (2.8b). Num tempo em que muitos crentes da Ásia estavam retrocedendo por medo da morte, era vital que Timóteo reavivasse sua memória com o fato de que Jesus já havia quebrado a espinha dorsal da morte e arrancado seu aguilhão. A vitória de Cristo sobre a morte é uma prova inconteste da eficácia de seu sacrifício expiatório, uma vez que Cristo morreu pelos nossos pecados, segundo as Escrituras (1Co 15.3), e ressuscitou para nossa justificação (Rm 4.25).

Em terceiro lugar, *devemos nos lembrar de que o evangelho está centralizado na pessoa de Jesus. ... descendente de Davi, segundo o meu evangelho* (2.8c). Jesus é o descendente de Davi, o Messias prometido. Há uma conexão entre o Antigo e o Novo Testamentos, entre a promessa e o cumprimento, entre o Cristo prometido e o Cristo encarnado. O evangelho de Paulo está focado na promessa do Cristo, no nascimento, na vida, morte e ressurreição daquele cuja origem é desde a eternidade, mas que se manifestou para consumar nossa redenção.

Sofrimentos que abençoam (2.9,10)

Paulo passa do sofrimento e da vitória sobre a morte de Cristo para os sofrimentos que ele próprio, apóstolo de Cristo, está sofrendo por causa do evangelho: *Pelo qual* [evangelho] *estou sofrendo até algemas, como malfeitor; contudo, a Palavra de Deus não está algemada. Por esta razão, tudo suporto por causa dos eleitos, para que também eles obtenham a salvação que está em Cristo Jesus, com eterna glória* (2.9,10). Destacamos alguns pontos importantes aqui.

Em primeiro lugar, *a segunda prisão de Paulo em Roma. Pelo qual estou sofrendo até algemas...*(2.9a). Desde que o imperador Nero ateou fogo em Roma em 17 de julho de 64 d.C. e depois colocou a culpa desse crime hediondo nos cristãos, é que Paulo, como líder do cristianismo, passou a ser perseguido. Os altares mais sagrados e os edifícios mais famosos arderam em chamas e pereceram sob o fogo. A grande maioria da população vivia em edifícios de madeira e, dos quatorze bairros de Roma, dez foram destruídos. Os quatro bairros restantes, densamente povoados por judeus e cristãos, deram a Nero um álibi para lançar sobre os cristãos a culpa pelo incêndio. A partir daí, uma brutal e sangrenta perseguição desabou sobre os seguidores de Cristo. Faltou madeira na época para fazer cruz, tamanha a quantidade de cristãos que foram crucificados. Os crentes eram amarrados em postes, cobertos de piche e incendiados vivos para iluminar as noites de Roma. Como Paulo era o maior líder dos cristãos naquele tempo, ele foi meticulosamente procurado. Ele, que já estivera preso em Roma nos idos de 60-62 d.C., agora é novamente capturado e jogado numa masmorra úmida, fria, escura e insalubre. Nesse calabouço, de onde as pessoas saíam leprosas ou para o martírio, o velho apóstolo está algemado, padecendo as agruras de uma prisão desumana, acusado de ser um dos líderes de uma odiada seita de incendiários.

Em segundo lugar, *a acusação contra Paulo em Roma... como malfeitor...*(2.9b). Paulo não está preso por acusações religiosas, como por ocasião do seu primeiro encarceramento. Quem está por trás desse aprisionamento não são mais os judeus radicais, mas o próprio imperador Nero. Pesa contra Paulo a pesada acusação de ser o líder dos criminosos incendiários de Roma. O apóstolo está preso como um criminoso comum, como um bandido perigoso para o Estado. A palavra *malfeitor* só aparece mais uma vez no Novo Testamento e é usada para descrever os malfeitores que foram crucificados ao lado de Jesus (Lc 23.32,33).

Em terceiro lugar, *o pregador preso, a Palavra de Deus livre. ... contudo, a palavra de Deus não está algemada* (2.9c). Paulo está convencido de que, mesmo estando preso, a Palavra de Deus não pode ser encarcerada. Mesmo em circunstâncias tão adversas, com limitações tão gritantes, Paulo confessa que, não obstante estar ele algemado, a Palavra de Deus está livre. Não há prisão para a Palavra de Deus. Ninguém pode algemar a Palavra de Deus. Ninguém pode acorrentar a verdade. Os pregadores podem ser presos e torturados, mas a Palavra de Deus segue seu curso sobranceira e vitoriosamente. Ela triunfa sobre todas as fogueiras da intolerância. Tem saído vitoriosa de todas as batalhas. A Palavra de Deus é a bigorna que quebra todos os martelos dos críticos.

Concordo com William Barclay quando ele diz que ninguém tem poder para exilar a verdade. É possível exilar um homem, mas não a verdade. É possível encarcerar um pregador, mas não a Palavra que ele prega. A mensagem é sempre maior que o mensageiro. A verdade é sempre mais poderosa que aquele que a leva. Paulo está seguro de que o governo romano poderia encarcerá-lo, mas jamais encontraria uma prisão cujas grades e cadeias pudessem conter ou restringir a Palavra de Deus.⁸⁹ Hans Burki tem razão em dizer que Paulo evidencia aqui uma incrível liberdade de si mesmo, justamente no instante em que ele permite que o evangelho o amarre até a morte de martírio.⁹⁰

Em quarto lugar, *o sofrimento por causa dos eleitos. Por esta razão, tudo suporto por causa dos eleitos...* (2.10a). Depois de achar consolo no fato de que a Palavra de Deus não estava algemada, Paulo encontra lenitivo em saber que seu sofrimento ajudaria os eleitos de Deus a receberem a salvação. Aqui os eleitos de Deus correspondem àqueles a quem a eterna predestinação de Deus escolheu para receberem a salvação (Rm 8.33; Cl 3.12; Tt 1.1), mas que ainda não corresponderam ao seu chamado.⁹¹

Nessa mesma linha de pensamento, Hendriksen declara que os eleitos são as pessoas em quem Deus pôs seu amor particular desde a eternidade. Eles são objeto de seu soberano beneplácito, eleitos não por causa de uma bondade ou fé prevista, mas porque Deus assim o quis. Não foi a bondade do homem que provocou a eleição; a eleição é que provocou a fé do homem.⁹² O sofrimento de Paulo não é vicário, mas ele tudo sofre por causa dos eleitos. Hans Burki assegura que "os eleitos não alcançam a salvação em Paulo nem por causa dos sofrimentos dele, mas em Jesus e por meio da morte dele na cruz".⁹³ O sangue dos mártires tem sido o adubo que fertiliza a semente. As lágrimas dos mártires têm sido como uma chuvarada que umedece o solo e prepara a semente para brotar. O fogo das piras queimando os mártires tem sido a faísca para alastrar um fogo poderoso cujas chamas jamais apagam. Foi desta forma que Ridley disse a Cramner, quando ambos estavam sendo queimados vivos na Inglaterra, por ordem de Maria Tudor: "Coragem, meu irmão. Hoje nós estamos acendendo uma chama na Inglaterra que jamais poderá ser apagada".

Paulo sabe que seus sofrimentos pelo evangelho e pelos eleitos não são em vão. Deus tem um povo a quem amou desde a eternidade. Esse povo foi escolhido eterna, soberana e graciosamente e dado a Jesus. Jesus veio ao mundo para salvar o povo de seus pecados (Mt 1.21), veio para dar a vida pelas suas ovelhas (Jo 10.11). Veio para morrer pela igreja (Ef 5.24,25). É por esses eleitos de Deus que Paulo está sofrendo. Estou de pleno acordo com o que diz Stott:

> A doutrina da eleição não dispensa a necessidade da pregação; pelo contrário, ela a torna essencial. Por causa mesmo da eleição é que Paulo prega e sofre. O eleito obtém a salvação em Cristo não à parte da pregação de Cristo, mas por meio dela.[94]

Em quinto lugar, *o propósito do sofrimento pelos eleitos ... para que também eles obtenham a salvação que está em Cristo Jesus, com eterna glória* (2.10b). Paulo sofre para que os eleitos de Deus alcancem a salvação que está em Cristo Jesus. Os eleitos precisam ouvir o evangelho, a voz do divino pastor. Aqueles que Deus conheceu de antemão, que foram predestinados para a salvação desde o princípio, são também chamados eficazmente. Longe de a doutrina da eleição ser um desestímulo à evangelização, é a garantia do seu êxito.

A fidelidade de Deus à sua Palavra (2.11-13)

Paulo passa a falar sobre a fidelidade da Palavra de Deus e da confiabilidade de suas promessas: *Fiel é esta palavra: Se já morremos com ele, também viveremos com ele; se perseveramos, também com ele reinaremos; se o negamos, ele, por sua vez, nos negará; se somos infiéis, ele permanece fiel, pois*

de maneira nenhuma pode negar-se a si mesmo (2.11-13).
Algumas verdades importantes devem ser aqui ressaltadas.
Em primeiro lugar, *a Palavra de Deus é absolutamente confiável. Fiel é esta palavra...* (2.11a). A Palavra de Deus tem a marca de seu caráter. Deus é fiel e por isso sua Palavra também o é. As Escrituras não podem falhar. Deus tem zelo por cumprir sua Palavra. Nenhuma de suas palavras cai por terra. Em todas as suas promessas, nós temos o sim de Deus, pois sua Palavra é fiel.

Em segundo lugar, *estamos identificados com Cristo tanto em sua morte como em sua vida. ... se já morremos com ele, também viveremos com ele* (2.11b). Uma das doutrinas mais profundas e consoladoras das Escrituras é nossa união mística com Cristo. Morremos com Cristo em sua morte e ressuscitamos com Cristo para uma nova vida em sua ressurreição. Como diz John Stott, "somente teremos parte na vida de Cristo no céu se, anteriormente, tivermos participação de sua morte na terra. A estrada para a vida é a morte, e a estrada para a glória é o sofrimento".[95]

Em terceiro lugar, *Deus é consistente tanto em suas promessas como em seu juízo. Se perseveramos, também com ele reinaremos; se o negamos, ele, por sua vez, nos negará; se somos infiéis, ele permanece fiel, pois de maneira nenhuma pode negar-se a si mesmo* (2.12,13). John N. D. Kelly entende o significado desta passagem da seguinte maneira: por mais inconstantes e infiéis que sejam os seres humanos, o amor de Deus continua inalterável. Assim, o propósito da afirmação não é abrir a porta para o desvio e a apostasia, mas sim fornecer um bálsamo para as consciências perturbadas.[96]

Entendo, porém, que não é essa a correta interpretação. Aqueles que usam esse texto para justificar seus pecados, imaginando poderem transgredir os preceitos de Deus e ainda assim escapar, por causa da fidelidade de Deus, estão equivocados. Deus é fiel tanto na dádiva de suas promessas como na execução de seus juízos. Essa passagem é um eco das próprias palavras de Cristo: *Qualquer, pois, que nesta geração perversa me confessar diante dos homens, eu o confessarei diante do Pai, que está nos céus. E a qualquer que me negar diante dos homens, eu também o negarei diante de meu Pai que está nos céus* (Mt 10.32,33). Quem nega Jesus em juízo perante os seres humanos e se declara definitivamente separado dele, também será negado por Jesus no juízo perante o Pai.[97] John Stott corrobora essa ideia:

> A fidelidade da parte de Cristo significa que ele executa as suas ameaças, bem como as suas promessas, pois se ele não nos negasse (em fidelidade às suas claras advertências), ele teria de negar a si mesmo. Contudo uma coisa a respeito de Deus é certa, fora de toda dúvida, que de maneira nenhuma Deus pode negar-se a si mesmo.[98]

O obreiro (2.14-19)

Paulo volta, agora, a falar sobre as figuras que ilustram o ministro do evangelho. Depois de abordar as imagens do mordomo, soldado, atleta e lavrador, agora aborda a figura do obreiro. Warren Wiersbe diz corretamente que o pastor é um obreiro da Palavra de Deus. A Palavra é um tesouro que o despenseiro deve guardar e investir. É a espada do soldado e a semente do agricultor. Mas também é a ferramenta do obreiro para construir, medir e reparar o povo de Deus.[99] Destacamos alguns pontos importantes a respeito.

Em primeiro lugar, *o testemunho do obreiro. Recomenda estas coisas. Dá testemunho solene a todos perante Deus, para que evitem contendas de palavras que para nada aproveitam, exceto para a subversão dos ouvintes* (2.14). O obreiro precisa guardar a Palavra intacta, transmiti-la com fidelidade e recomendá-la com esmero. O obreiro deve se esmerar tanto na proclamação quanto na aplicação da mensagem. O cristão deve evitar as contendas de palavras. Isso não é proveitoso nem traz edificação para os ouvintes. A Palavra de Deus deve ser ensinada com mansidão, no poder do Espírito Santo.

Em segundo lugar, *o preparo do obreiro. Procura apresentar-te a Deus aprovado, como obreiro que não tem de que se envergonhar, que maneja bem a palavra da verdade* (2.15). Não podemos fazer a obra de Deus relaxadamente. Aquele que ensina deve esmerar-se no fazê-lo. Quem prega a Palavra precisa ser um mestre da Palavra. Aquele que cessa de aprender cessa de ensinar. Quem não abastece sua própria alma com a Palavra não pode alimentar os outros com a Palavra. Não podemos ensinar os outros a partir da plenitude das nossas emoções e do vazio da nossa mente.

A palavra grega *parastesai*, traduzida por *apresentar-te*, significa apresentar-se para o serviço. Dá a ideia de utilidade para e no serviço. Já a palavra *dokimos*, traduzida por *aprovado*, era usada para indicar o ouro e a prata purificados de toda a escória. Fazia referência ao dinheiro genuíno e não adulterado. Também era empregada para aludir a uma pedra lavrada, cortada e provada a fim de ser usada adequadamente na construção de um edifício. Uma pedra com alguma imperfeição era marcada com um *A* maiúsculo, representando a palavra grega *adokimastos*, que significa "provada e encontrada deficiente".[100]

O obreiro precisa apresentar-se primeiro a Deus como aprovado, para depois apresentar-se diante dos homens com eficácia. Seu papel não é torcer as Escrituras, mas manejá-la bem. A palavra grega *horthotomeo*, traduzida por "manejar bem", significa "cortar em linha reta". Calvino relacionou essa palavra com um pai que divide os alimentos durante a refeição, cortando-os de tal maneira que cada membro da família receba a sua porção adequada.[101] Essa palavra era utilizada na engenharia civil no sentido de "cortar um caminho em linha reta", ou na agricultura no sentido de "conduzir o sulco em linha reta". O significado espiritual é claro: o obreiro não pode torcer a Palavra. Precisa expô--la integralmente, fielmente, corretamente. Enquanto os falsos mestres desvirtuam as Escrituras (2.18; 1Tm 1.6; 6.21), o obreiro fiel deve manejá-la bem, ou seja, pregá--la com fidelidade. Outra interpretação possível, segundo John N. D. Kelly, é que Paulo está admoestando Timóteo a, quando pregar o evangelho, seguir um caminho estreito, sem se desviar por disputas acerca de meras palavras ou por conversas ímpias.[102]

Em terceiro lugar, *os perigos ao obreiro. Evita, igualmente, os falatórios inúteis e profanos, pois os que deles usam passarão a impiedade ainda maior* (2.16). Na mesma medida que o obreiro precisa ser proativo para pregar a Palavra, deve ser decidido a evitar falatórios inúteis e profanos. Sua boca deve estar cheia da verdade e vazia de palavras vãs. Enquanto a Palavra de Deus santifica, aqueles que se entregam aos falatórios inúteis e profanos tornam-se piores e se degradam ainda mais.

Em quarto lugar, *a apostasia dos falsos obreiros. Além disso, a linguagem deles corrói como câncer; entre os quais se incluem Himeneu e Fileto. Estes se desviaram da verdade, asseverando que a ressurreição já se realizou, e estão pervertendo a fé a alguns* (2.17,18). Paulo alerta Timóteo acerca da onda de apostasia que estava tomando conta da igreja, ora por influência da perseguição, ora pela infiltração dos falsos mestres. Dentre os heréticos que perturbavam a igreja, encontravam-se Himeneu e Fileto. Esses homens não eram obreiros aprovados, mas contraventores da Palavra. Esses paladinos do engano, prófugos da verdade, negavam a integridade das Escrituras, esvaziando a fé cristã de sua máxima esperança, afirmando que a ressurreição era um fato passado, e não uma realidade futura (At 17.32; 1Co 15.12). Diz John Stott que, em vez de pregar o evangelho de Paulo, que incluía Jesus Cristo, *ressuscitado de entre os mortos* (2.8), modelo e penhor da ressurreição do seu povo (1Co 15.12-20), os falsos mestres ensinavam *que a ressurreição já se realizou* (2.18).[103] Sem o Senhor vivo, porém, a mensagem, a doutrina e a fé não podem continuar vivas nem gerar vida. Tudo se torna vazio e nulo.[104]

Naquele tempo duas ideias heréticas circulavam na igreja a respeito da ressurreição. A primeira delas é que a ressurreição é espiritual, e não física, e ocorre no batismo, não na consumação dos séculos. A segunda é que a ressurreição acontece quando uma pessoa continua vivendo em seus filhos. Vale destacar que a doutrina da ressurreição era negada pelos saduceus. Os gregos, por sua vez, acreditavam na imortalidade da alma, mas não na ressurreição do corpo. Assim, os gregos diziam que o corpo é a tumba da alma. Um grego aspirava à morte, mas não à ressurreição do corpo. Consideravam essa ideia ridícula. O ambiente mostra que as pessoas naquele tempo estavam dispostas a receber qualquer mensagem sobre a ressurreição que fortalecesse suas ideias errôneas sobre o tema.[105]

A mensagem dos falsos mestres, como um câncer, corrói e mata, mas a mensagem do evangelho restaura e dá vida.

O termo médico expressa que o câncer "encontra pasto". Inicialmente a pústula é inofensiva, mas logo se alastra com rapidez e devastação. A falsa doutrina é como um câncer no corpo: consome a substância viva e contamina as células saudáveis. A mentira nutre-se de parcelas da verdade que ela acolhe, cinde e absolutiza como um elemento parcial. Quanto mais verdade existir em uma mentira, tanto mais poderosa e perigosa ela será.[106] A pregação dos falsos mestres perverte a fé; a pregação apostólica produz fé e alimenta a fé. O ensino dos falsos mestres desonra Deus e causa dano aos seres humanos; a pregação do evangelho promove a glória de Deus, conduz os perdidos à salvação e resulta na edificação da igreja.

Em quinto lugar, *a preservação dos filhos de Deus. Entretanto, o firme fundamento de Deus permanece, tendo este selo: O Senhor conhece os que lhe pertencem. E mais: Aparte-se da injustiça todo aquele que professa o nome do Senhor* (2.19). No meio de tanta confusão doutrinária, de tantas vozes dissonantes dentro da igreja, é consolador saber que Deus distingue os que são seus daqueles que não o são. Ele separa o trigo do joio, e as ovelhas, dos cabritos. Ele conhece os que são seus, e estes são exatamente aqueles que professam o nome do Senhor e se apartam da injustiça. Jesus conhece suas ovelhas, dá a elas a vida eterna, e ninguém as arrebatará de suas mãos (Jo 10.28). Nossa salvação é garantida por Deus. Embora os falsos mestres possam enganar muitos, jamais desviarão do caminho da salvação aqueles que foram predestinados na eternidade, chamados no tempo, selados com o Espírito Santo, justificados pelo sangue de Jesus diante do tribunal divino e santificados pela verdade. Hans Burki tem razão em dizer que, para o apóstolo Paulo, eleição e santificação constituem uma unidade.

Consequentemente, a sã doutrina está ligada à sã vivência. Não pode haver dicotomia entre doutrina e vida.[107] A palavra grega *themelios*, traduzida por *fundamento*, significa tanto a base sobre a qual se constrói um edifício quanto uma associação, sociedade, escola, cidade fundada sobre a influência de alguém. John N. D. Kelly diz que várias interpretações têm sido propostas para o firme fundamento: Cristo e seus apóstolos (Ef 2.19,20), a verdade do evangelho, a igreja como um todo (1Tm 3.15) ou o âmago inabalável de cristãos genuínos em Éfeso.[108] Entendo que o fundamento de Deus aqui é a igreja. A igreja é a fundação de Deus. A igreja tem sobre si uma inscrição. A palavra grega *sfragis*, traduzida por selo, é a marca que prova o direito de propriedade e a genuinidade de um produto. Essa palavra era usada também em referência à placa que um arquiteto colocava sobre um edifício por ele edificado.[109]

John Stott diz corretamente que a igreja de Deus tem um duplo selo. O primeiro é secreto e invisível (*Deus conhece os que lhe pertencem*); o segundo é público e visível (*Aparte-se da injustiça todo aquele que professa o nome do Senhor*). Os dois selos são essenciais: o divino e o humano, o visível e o invisível. Juntos, eles dão testemunho do *firme fundamento de Deus*, sua verdadeira igreja. Hendriksen destaca corretamente que o selo leva duas inscrições intimamente relacionadas: o decreto de Deus e a responsabilidade humana. A primeira inscrição dá um golpe de morte no "pelagianismo"; a segunda, no "fatalismo". A primeira está fechada na *eternidade*; a segunda, no *tempo*. A primeira é uma declaração daquilo em que devemos *crer*; a segunda, uma exortação à qual devemos *obedecer*. A primeira exalta *a misericórdia de Deus que predestina*; a segunda enfatiza *o dever indubitável do ser humano*. A primeira se refere à *segurança*; a segunda, à *pureza* da igreja.[111]

O utensílio (2.20-23)

O apóstolo Paulo usa mais uma figura para ilustrar o papel do ministro. Nesse sentido, destacamos aqui alguns pontos.

Em primeiro lugar, *os vasos de honra e os vasos de desonra. Ora, numa grande casa não há somente utensílios de ouro e de prata; há também de madeira e de barro. Alguns, para honra; outros, porém, para desonra* (2.20). O texto em tela tem sido interpretado de duas maneiras. A primeira é que Paulo está falando sobre diferentes tipos de crentes. A segunda é que está tratando de mestres verdadeiros e mestres falsos, crentes fiéis e réprobos. Calvino entende que os vasos de desonra fazem referência aos réprobos que se misturam com os salvos na igreja.[112] John Stott considera que Paulo ainda está aludindo aos dois grupos de mestres por ele contrastados no parágrafo anterior: os autênticos, como Timóteo; e os falsos, como Himeneu e Fileto. A única diferença é que ele transforma a metáfora de bom e mau obreiros em vasos nobres e indignos.[113] Hendriksen entende que Paulo está comparando os crentes fiéis com os hipócritas dentro da igreja. A igreja visível abriga tanto os verdadeiros crentes (alguns muito fiéis, comparáveis ao ouro; outros menos fiéis, comparados à prata) quanto os hipócritas (Mt 13.24-30). Esses seriam os vasos de desonra.[114]

Em segundo lugar, *os vasos de honra. Assim, pois, se alguém a si mesmo se purificar destes erros, será utensílio para honra, santificado para toda boa obra* (2.21). O vaso de honra é alguém que se aparta do erro doutrinário e moral dos falsos mestres. Ou seja, devemos evitar não apenas os falsos mestres, mas também seus erros e maldades, expurgando da nossa mente a falsidade de seus ensinos e do nosso coração suas perversidades morais. Os vasos de honra precisam buscar a pureza doutrinária, bem como a pureza moral. Aqueles que assim procedem são santificados para toda boa obra.

A vida do ministro é a vida de seu ministério. A vida do pregador é a vida de sua pregação. A vida do líder é a vida de sua liderança. Não se podem separar o ministério da vida, a teologia da ética, a doutrina da moral, o credo da conduta. Concordo com Stott quando ele diz que não se pode imaginar honra mais alta que a de ser um instrumento na mão de Jesus Cristo, estando à disposição para o cumprimento de seus propósitos, achando-se pronto para seu serviço sempre que solicitado.[115]

Em terceiro lugar, *foge, segue e repele. Foge, outrossim, das paixões da mocidade. Segue a justiça, a fé, o amor e a paz com os que, de coração puro, invocam o Senhor. E repele as questões insensatas e absurdas, pois sabes que só engendram contendas* (2.22,23). Hans Burki diz que o versículo 22 constitui o centro, a síntese e a coesão dos blocos dos versículos 14-21 e 23-26: quem cita o nome do Senhor, que largue a injustiça (2.19c) e corra atrás da justiça (2.22b); purifique-se (2.21) da impureza alheia e própria, distanciando-se da peste ímpia da heresia destrutiva (2.16-18) e negue decididamente as paixões da mocidade (2.22a). Assim poderá invocar o Senhor de coração limpo com todos os que também vivem dessa maneira (2.22c). Assim, prevenirá ou afastará outros da discórdia destrutiva (2.14,23-26).[116]

Timóteo era ainda jovem (1Tm 4.12), e as paixões da mocidade não devem ser tratadas da mesma forma que resistimos ao diabo (1Pe 5.9). Quanto às paixões da mocidade, a estratégia certa é fugir. Forte não é aquele que enfrenta, mas aquele que foge. Mas a vida cristã não é apenas negativa; é também positiva. Além de fugir das paixões, Timóteo deve seguir a justiça, a fé, o amor e a paz. Tanto o verbo "fugir" como o verbo "seguir" são muito sugestivos. O verbo *pheugo*, "fugir", significa "buscar segurança na fuga ou escapar". Pode referir-se a fugir tanto de perigos físicos quanto de perigos espirituais.[117] O pecado é maligníssimo e assaz perigoso. Flertar com ele ou nele deleitar-se é tornar-se seu escravo. Em vez de demorarmos a escapar dele como Ló demorou a sair de Sodoma (Gn 19.15,16), devemos ter pressa em nos afastar dele como José teve pressa em correr da mulher de Potifar (Gn 39.12).[118]

O verbo *dioko*, "seguir", é o oposto de *pheugo*. Significa correr após algo, perseguir, ir no encalço de, como na guerra ou numa caçada.[119] Devemos buscar com diligência a justiça, a fé, o amor e a paz como o alvo da nossa vida. Devemos empregar toda a nossa energia e atenção na busca dessa meta. A justiça é a forma piedosa de viver; implica dar aos homens e a Deus o que lhes corresponde. A fé significa ser fiel e digno de confiança. O amor está comprometido em dar ao próximo nada menos que o melhor. E a paz é a relação correta que deve marcar a comunidade cristã. Todas essas coisas devem ser buscadas juntamente com aqueles que, de coração puro, invocam o Senhor. Um cristão jamais deve viver isolado da comunidade cristã. Não há cristão isolado do corpo. O cristão deve encontrar sua força, seu gozo e seu apoio na comunidade cristã.[120]

Stott é oportuno quando escreve:

> Devemos escapar do perigo espiritual, e correr após o bem espiritual; devemos fugir de um, escapando de suas garras, e correr após o outro,

até alcançá-lo. Esta dupla responsabilidade dos cristãos, a negativa e a positiva, é o consistente e reiterado ensino da Escritura. Assim, temos que negar a nós mesmos e seguir a Cristo. Temos que nos despir de tudo o que pertence à nossa velha vida e nos vestir do que pertence à nova vida. Temos que crucificar a carne e andar no Espírito. É essa implacável rejeição, por um lado, combinada com essa inflexível perseguição, pelo outro, que a Escritura nos impõe como sendo o segredo da santificação.[121]

Cabe, a Timóteo, outrossim, repelir as questões insensatas, as discussões infrutíferas, as contendas de palavras que para mais nada prestam, senão criar contendas.

O servo (2.24-26)

Paulo conclui as figuras de linguagem. O *skeous* (vaso) é transformado em *doulos* (servo).[122] O pastor é um servo de Deus e também um servo da mensagem. No pastoreio do rebanho, precisa tomar três medidas.

Em primeiro lugar, *não cavar abismos nos relacionamentos. Ora, é necessário que o servo do Senhor não viva a contender...* (2.24a). O servo de Deus é um indivíduo que edifica vidas, em vez de destruir relacionamentos. A contenda abre feridas, em vez de cicatrizá-las. Concordo, porém, com Stott quando ele diz que Paulo não está aqui proibindo todo tipo de controvérsia. Quando a verdade do evangelho estava sendo cruelmente atacada, o próprio Paulo se tornou um ardoroso apologista (4.7; Gl 2.11-14) e ordenou que Timóteo fizesse o mesmo (1Tm 6.12). Porém, a combinação de especulações não bíblicas com polêmicas despidas de amor tem causado grandes danos à causa de Cristo.[123]

Em segundo lugar, *construir pontes de contatos nos relacionamentos. ... e sim deve ser brando para com todos, apto para instruir, paciente* (2.24b). O ministro do evangelho deve instruir com brandura o povo, orientando todos com paciência e mansidão. O ministro de Cristo precisa ser *didaktikos*, ou seja, um homem com aptidão para ensinar. Ao mesmo tempo que condena o erro, promove a verdade; na mesma medida em que denuncia as falsas doutrinas, transmite a sã doutrina. Esse ensino da verdade, tanto no aspecto negativo quanto no aspecto positivo, deve ser feito da forma certa, com a motivação adequada. O ministro não pode ser arrogante. Uma coisa é amar a pregação; outra coisa é amar as pessoas a quem se prega. O ministro cuida não apenas de um conceito doutrinário; cuida de vidas. Por isso, precisa falar a verdade em amor. A palavra grega *epios*, traduzida por brando, é a mesma usada para uma ama que acaricia os próprios filhos (1Ts 2.7). Já a palavra *anexikakos*, traduzida por paciente, significa literalmente suportar a dureza das pessoas, sendo paciente diante de suas tolices e tolerante quanto a suas fraquezas.[124]

Em terceiro lugar, *restaurar as brechas nos relacionamentos. Disciplinando com mansidão os que se opõem, na expectativa de que Deus lhes conceda não só o arrependimento para conhecerem plenamente a verdade, mas também o retorno à sensatez, livrando-se eles dos laços do diabo, tendo sido feitos cativos por ele, para cumprirem a sua vontade* (2.25,26). Faz parte do ministério não apenas instruir, mas também disciplinar os faltosos. É de conhecimento geral que Calvino entendia que a igreja verdadeira possui três marcas: o ensino fiel das Escrituras, a administração correta dos sacramentos; e o exercício correto da disciplina. A disciplina, porém, não pode ser feita com arrogância e dureza, mas com espírito de brandura (Gl 6.1). Não se pode esmagar a cana quebrada nem apagar a torcida que fumega. A disciplina tem dois propósitos: preventivo e curativo. Ela previne a igreja e restaura o faltoso. Aqueles que tropeçam e caem precisam se arrepender, uma vez que o pecado priva as pessoas da verdade e as desvia da sensatez. Paulo é categórico ao dizer que tanto o erro doutrinário quanto o mal moral são *laços do diabo*, dos quais as pessoas precisam ser libertadas. Por outro lado, tanto o arrependimento, que leva as pessoas de volta à sensatez, quanto a libertação do poder de Satanás são obra de Deus.

Paulo diz que o diabo é uma espécie de caçador que captura suas presas com laços engenhosos e armadilhas mortais e depois as entorpece. A palavra grega usada aqui, *ananepho*, significa literalmente "tornar sóbrio ou voltar novamente aos sentidos", após um período de intoxicação diabólica. Estou de pleno acordo com o que escreve Stott:

> Somente Deus pode libertar de um tal cativeiro, em que homens são tanto apanhados em armadilhas como drogados pelo diabo; e Deus o faz, dando-lhes arrependimento para o pleno conhecimento da verdade. Contudo, ele efetua o resgate através do ministério humano de um de seus servos, o qual evita as questões loucas e ensina com amabilidade, paciência e mansidão.[125]

NOTAS DO CAPÍTULO 3

[61] STOTT, John. *Tu, porém: a mensagem de 2Timóteo*, p. 41.
[62] BURKI, Hans. Segunda carta a Timóteo. In: *Carta aos Tessalonicenses, Timóteo, Tito e Filemom*. Curitiba: Esperança, 2007, p. 328.
[63] GOULD, J. Glenn. As epístolas pastorais. In: *Comentário bíblico Beacon*. Vol. 9. Rio de Janeiro: CPAD, 2006, p. 518.

[64] BURKI, Hans. Segunda carta a Timóteo. In: *Cartas aos Tessalonicenses, Timóteo, Tito e Filemom*, p. 328.
[65] BARCLAY, William. *I y II Timoteo, Tito y Filemon*, p. 167-168.
[66] STOTT, John. *Tu, porém: a mensagem de 2Timóteo*, p. 41.
[67] IBID., p. 43.
[68] BARCLAY, William. *I y II Timoteo, Tito y Filemon*, p. 168.
[69] Efésios 6.10-20; 1Timóteo 1.18; 6.12; 2Coríntios 6.7; 10.3-5; Romanos 6.13, 14.
[70] EPÍTETO. *Discursos* 3,24,34.
[71] SÊNECA. *Epístolas*, 96,5.
[72] STOTT, John. *Tu, porém: a mensagem de 2Timóteo*, p. 44.
[73] RIENECKER, Fritz; ROGERS, Cleon. *Chave linguística do Novo Testamento Grego*, p. 474.
[74] BARCLAY, William. *I y II Timoteo, Tito y Filemon*, p. 169.
[75] IBID.
[76] GOULD, J. Glenn. A segunda epístola a Timóteo. In: *Comentário bíblico Beacon*. Vol. 9, 2005, p. 519.
[77] BARCLAY, William. *I y II Timoteo, Tito y Filemon*, p. 171.
[78] RIENECKER, Fritz; ROGERS, Cleon. *Chave linguística do Novo Testamento Grego*, p. 474.
[79] STOTT, John. *Tu, porém: a mensagem de 2Timóteo*, p. 46.
[80] BURKI, Hans. *Segunda carta a Timóteo*, p. 330.
[81] KELLY, John N. D. *I e II Timóteo e Tito: introdução e comentário*, p. 164.
[82] BARCLAY, William. *I y II Timoteo, Tito y Filemon*, p. 173.
[83] STOTT, John. *Tu, porém: a mensagem de 2Timóteo*, p. 52.
[84] BARCLAY, William. *I y II Timoteo, Tito y Filemon*, p. 174.
[85] IBID.
[86] STOTT, John. *Tu, porém: a mensagem de 2Timóteo*, p. 54.
[87] KELLY, John N. D. *I e II Timóteo e Tito: introdução e comentário*, p. 164.
[88] STOTT, John. *Tu, porém: a mensagem de 2Timóteo*, p. 53.
[89] BARCLAY, William. *I y II Timoteo, Tito y Filemon*, p. 178.
[90] BURKI, Hans. Segunda carta a Timóteo. In: *Cartas aos Tessalonicenses, Timóteo, Tito e Filemom*, p. 32.
[91] KELLY, John N. D. *I e II Timóteo e Tito: introdução e comentário*, p. 165.
[92] HENDRIKSEN, Guillermo. *1 y 2 Timoteo y Tito*, p. 286.
[93] BURKI, Hans. Segunda carta a Timóteo. In: *Cartas aos Tessalonicenses, Timóteo, Tito e Filemom*, p. 332.
[94] STOTT, John. *Tu, porém: a mensagem de 2Timóteo*, p. 54.
[95] IBID.
[96] KELLY, John N. D. *I e II Timóteo e Tito: introdução e comentário*, p. 168.

[97] BURKI, Hans. Segunda carta a Timóteo. In: *Cartas aos Tessalonicenses, Timóteo, Tito e Filemom*, p. 335.
[98] STOTT, John. *Tu, porém: a mensagem de 2Timóteo*, p. 56.
[99] WIERSBE, Warren W. *Comentário bíblico expositivo*, p. 320.
[100] BARCLAY, William. *I y II Timoteo, Tito y Filemon*, p. 182-183.
[101] CALVINO, Juan. *Comentarios a las Epístolas Pastorales de San Pablo*. Grand Rapids: TELL, 1948, p. 259.
[102] KELLY, John N. D. *I e II Timóteo e Tito: introdução e comentário*, p. 170.
[103] STOTT, John. *Tu, porém: a mensagem de 2Timóteo*, p. 61.
[104] BURKI, Hans. Segunda carta a Timóteo. In: *Cartas aos Tessalonicenses, Timóteo, Tito e Filemom*, p. 339.
[105] BARCLAY, William. *I y II Timoteo, Tito y Filemon*, p. 184-185.
[106] BURKI, Hans. Segunda carta a Timóteo. In: *Carta aos Tessalonicenses, Timóteo, Tito e Filemom*, p. 338.
[107] IBID., p. 340.
[108] KELLY, John N. D. *I e II Timóteo e Tito: introdução e comentário*, p. 172.
[109] BARCLAY, William. *I y II Timoteo, Tito y Filemon*, p. 186.
[110] STOTT, John. *Tu, porém: a mensagem de 2Timóteo*, p. 63.
[111] HENDRIKSEN, Guillermo. *1 y 2 Timoteo y Tito*, p. 303.
[112] CALVINO, Juan. *Comentarios a las Epístolas Pastorales de San Pablo*, p. 266.
[113] STOTT, John. *Tu, porém: a mensagem de 2Timóteo*, p. 64.
[114] HENDRIKSEN, Guillermo. *1 y 2 Timoteo y Tito*, p. 305.
[115] STOTT, John. *Tu, porém: a mensagem de 2Timóteo*, p. 64-65.
[116] BURKI, Hans. Segunda carta a Timóteo. In: *Cartas aos Tessalonicenses, Timóteo, Tito e Filemom*, p. 343.
[117] Veja como o verbo foi usado em Mateus 2.13; Mateus 3.7; Lucas 21.21; Atos 7.29; 1Coríntios 10.14; 1Timóteo 6.11.
[118] STOTT, John. *Tu, porém: a mensagem de 2Timóteo*, p. 67.
[119] Veja como o verbo foi usado em Atos 26.11; Gálatas 1.13; Filipenses 3.12-14.
[120] BARCLAY, William. *I y II Timoteo, Tito y Filemon*, p. 191.
[121] STOTT, John. *Tu, porém: a mensagem de 2Timóteo*, p. 68.
[122] IBID.
[123] IBID., p. 70.
[124] IBID.
[125] IBID., p. 73.

Capítulo 4

Como enfrentar o fim dos tempos vitoriosamente
(2Tm 3.1-17)

O APÓSTOLO PAULO está preso num calabouço romano, na sala de espera do martírio. A fornalha da perseguição contra a igreja está acesa. Paulo dá suas últimas recomendações a Timóteo, um pastor jovem, doente e tímido, sobre como enfrentar vitoriosamente o tempo do fim.

Os últimos dias (3.1a)

Sabe, porém, isto: nos últimos dias... (3.1a).

Os últimos dias, segundo a opinião de John N. D. Kelly, denotam o período pouco antes da parousia e do fim da era presente.[126] Nosso entendimento, porém, é que os últimos dias não são apenas uma referência escatológica aos últimos dias que precederão imediatamente a segunda vinda de Cristo, mas também uma referência a todo o período compreendido entre a primeira e a segunda vindas de Cristo. A nova era chegou com Jesus Cristo e, por sua vinda, a era antiga passou, sendo agora o amanhecer dos últimos dias (At 2.14-17;Hb 1.1,2).[127]

De acordo com Calvino, os últimos dias são uma referência à condição universal da igreja cristã.[128] Trata-se de uma descrição do presente, e não apenas do futuro. A história da igreja confirma que tem sido assim. Diz Stott que, quando o navio da igreja cristã foi posto no mar, não lhe foi dito que esperasse uma travessia serena e calma; ele tem sido golpeado por tormentas e tempestades e até por furacões.[129]

Barclay é esclarecedor quando escreve:

> Os judeus dividiam todo o tempo entre esta era presente e a era por vir. Esta era presente era totalmente má; e a era por vir era a idade de ouro de Deus. Entre ambas as eras, estava o Dia do Senhor. Esse dia seria aquele no qual Deus definiria e pessoalmente interviria para destruir este mundo a fim de refazê-lo. Esse Dia do Senhor seria precedido por uma época de terror; uma época na qual o mal se uniria para seu assalto final; uma época em que o mundo seria sacudido até seus fundamentos morais e físicos.[130]

Tempos difíceis (3.1b)

O apóstolo é enfático quando escreve: *Sabe, porém, isto: nos últimos dias sobrevirão tempos difíceis; pois os homens serão...* (3.1,2a).

Paulo diz que precisamos saber duas coisas acerca desse tempo do fim.

Em primeiro lugar, *esse tempo não é fácil para ser vivido. Sabe, porém, isto: nos últimos dias, sobrevirão tempos difíceis*

(3.1). Esses dias são duros, difíceis, furiosos e violentos. Paulo emprega o termo grego *chalepos*, o mesmo usado para descrever os endemoninhados gadarenos que estavam furiosos (Mt 8.28). Nas palavras de Warren Wiersbe, isso indica que a violência dos últimos dias será incitada pelos demônios (1Tm 4.1).[131] No grego clássico, o termo foi empregado em referência a perigosos animais selvagens e também ao mar violento.[132] Ainda se aplica à conjunção ameaçadora dos corpos celestes.[133] Esse tempo do fim é uma época de terrível florescimento do mal, em que todos os alicerces morais são sacudidos. É uma confrontação com as forças do mal. É como se o mundo se tornasse ainda mais mundano. Stott diz que esse tempo é marcado por uma ativa oposição ao evangelho.[134]

O próprio Paulo tinha sido detido, algemado e colocado na prisão, como um prisioneiro comum, por causa de sua lealdade ao evangelho (1.11,12; 2.9). Na Ásia, todos o tinham abandonado, como Timóteo bem o sabia (1.15). Mas por que Paulo ordena a Timóteo saber aquilo que ele já sabe? É que ele quer enfatizar que a oposição à verdade não é uma situação passageira, mas uma característica permanente da presente era.[135] Hendriksen está correto em dizer que esses serão tempos de impiedade crescente (Mt 24.12; Lc 18.8), que culminarão no clímax da maldade, a revelação do *homem do pecado* (2Ts 2.1-12).[136]

Em segundo lugar, *o caos da sociedade é resultado daquilo que os homens são. Pois os homens serão egoístas...*(3.2a). O mal não está fora, mas dentro do homem. Equivocou-se Jean-Jacques Rousseau quando declarou que o ser humano é essencialmente bom. Errou John Locke quando afirmou que o homem é uma tábula rasa, uma folha em branco, produto do meio. Não é o meio que corrompe o homem;

é o homem que corrompe o meio. O ser humano não está corrompido por causa do mundo ao redor; o mundo ao redor está corrompido por causa do ser humano. O mal não vem de fora; vem de dentro do próprio homem. É do coração humano que procedem todos os maus desígnios. A sociedade rendida ao pecado é apenas um reflexo do próprio homem pecador.

A decadência da sociedade está relacionada com o que os homens são e consequentemente com o que os homens fazem. Vejamos a descrição do apóstolo: a sociedade está decadente porque os homens estão invertendo os valores de Deus. Paulo diz que as pessoas direcionam seu amor para si mesmas, para o dinheiro e para o prazer: poder, dinheiro e sexo. O que está essencialmente errado com essas pessoas é que o seu amor está mal dirigido. Em vez de serem em primeiro lugar amigos de Deus, são amantes de si mesmos, do dinheiro e do prazer. Concordo com Warren Wiersbe quando ele diz que o cerne do problema é o coração. Deus ordena que o amemos acima de todas as coisas e que amemos ao próximo como a nós mesmos (Mt 22.34-40), mas, se amarmos a nós mesmos acima de tudo, não amaremos a Deus nem ao próximo.[137]

No universo há Deus, pessoas e coisas. Nós devemos adorar a Deus, amar as pessoas e usar as coisas. Mas, se começamos adorando a nós mesmos, acabaremos ignorando Deus, amando as coisas e usando as pessoas. Este é o triste diagnóstico da sociedade.

Conduta moral corrompida (3.2-4)

O diagnóstico que Paulo dá da sociedade é sombrio:

Pois os homens serão egoístas, avarentos, jactanciosos, arrogantes, blasfemadores, desobedientes aos pais, ingratos, irreverentes, desafeiçoados, implacáveis, caluniadores, sem domínio de si, cruéis, inimigos do bem, traidores, atrevidos, enfatuados, mais amigos dos prazeres que amigos de Deus (2Tm 3.2-4).

Qual é a descrição que Paulo faz da sociedade? Como vivem os seres humanos? Quais são suas marcas? John N. D. Kelly diz que esse tempo é marcado por um repúdio geral à lei, à decência e à afeição natural.[138] O presente "catálogo de vícios" deve ser comparado a Romanos 1.29-32. Embora não possamos afirmar que Paulo tinha uma divisão clara em sua mente, vamos analisar algumas categorias apenas para nos ajudar no entendimento do assunto.

Em primeiro lugar, *a conduta moral em relação a nós mesmos*. Quatro pecados mencionados estão relacionados à relação do ser humano consigo mesmo.

1. *Os homens serão egoístas*. A palavra grega *filautós*, traduzida por *egoístas*, significa literalmente "amantes de si mesmos". As pessoas são narcisistas: amam a si mesmas e só se importam com o próprio bem-estar. São como o "ouriço": têm veludo por dentro e espinhos por fora. Essa tendência à idolatria do eu tem arrebentado com os relacionamentos na família, na igreja e na sociedade. Concordo com Barclay quando ele diz que o egoísmo é o pecado básico do qual provém os demais pecados. No momento em que a pessoa torna sua vontade e seu desejo o centro de sua vida, destrói as relações com Deus e com o próximo. Uma vez que a pessoa se erige como Deus, a obediência a Deus e o amor ao próximo se tornam impossíveis. A essência do cristianismo não é o egoísmo, mas o amor ao próximo.

2. *Os homens serão jactanciosos*. A palavra grega *alazon* significa "fanfarrões, gabolas". Refere-se às pessoas que tocam trombeta proclamando virtudes que não têm, que se

apresentam mais fortes, mais sábias, mais ricas do que na verdade são. São como o albatroz, que têm o papo muito grande. São como restolho que, embora chocho, jamais se curva. Plutarco usou esse termo grego para descrever o médico charlatão. Aristóteles o utilizou para a pessoa que se apresenta como melhor do que na verdade é. Xenofonte diz que essa palavra era usada em alusão àqueles que pretendem ser mais ricos do que são, mais valentes do que são, e que prometem fazer o que não podem cumprir.[140] John N. D. Kelly diz que a descrição *jactanciosos* têm que ver com palavras, gestos e o comportamento externo; e *arrogantes*, que veremos a seguir, com sentimentos interiores.[141]

3. *Os homens serão arrogantes*. A palavra grega *huperefanos* significa "soberbo". É aquele que se mostra por sobre os demais, que olha para os outros empoleirado no palco da vaidade, e vive de nariz empinado e andando de tamanco alto. Arrogantes são aqueles que têm mania de grandeza e veem a si mesmos como superiores aos demais, nutrindo certo desprezo por todos, exceto por si próprios.[142] Essas pessoas soberbas, na igreja, vestem as roupagens de Diótrefes (3Jo 9) e veem as demais como concorrentes. A essas pessoas Deus resiste (1Pe 5.5).

4. *Os homens não terão domínio de si*. A palavra grega *akrates* significa "sem domínio próprio". São os indivíduos escravos de si mesmos. Dominados por suas paixões, desejos e vícios, são escravos da ira, da língua, do sexo, das drogas. O verbo *kratein* significa "controlar, ter poder sobre algo". O homem pode chegar a um grau em que, longe de autocontrolar-se, se converte em escravo de um hábito ou de um desejo. Esse caminho é inevitavelmente o caminho da ruína, porque ninguém pode dominar nada, a não ser que em primeiro lugar domine a si mesmo.[143]

Em segundo lugar, *a conduta moral em relação ao próximo*. Seis pecados são mencionados pelo apóstolo Paulo.

1. *Os homens serão implacáveis*. A palavra grega *aspondos* significa "sem trégua, sem acordo, sem perdão". Logo, *aspondos* refere-se à pessoa irreconciliável, cujo ódio arde como fogo. Um indivíduo *aspondos* age como os moabitas que, não satisfeitos em nutrir ódio consumado pelos edomitas, exumaram o corpo do rei de Edom, apenas para queimar seus ossos (Am 2.1). Trata-se de uma ira que não cessa de arder. Barclay esclarece que *aspondos* pode significar duas coisas. Pode referir-se ao homem que abriga um ódio tão profundo e implacável que nunca chegará a um acordo com quem tem discutido. Ou pode significar que o homem tem tão pouca honra que chegará a romper e desconsiderar os termos de um acordo.[144]

2. *Os homens serão caluniadores*. A palavra grega *diabolos* significa "caluniador". O diabo é o padroeiro dos caluniadores e o senhor de todos eles.[145] É o pecado de espalhar contendas, disseminar intrigas, jogar uma pessoa contra a outra, destruir pontes de contato e cavar abismos nos relacionamentos. Esse é o pecado que Deus mais abomina (Pv 6.16,19). Um caluniador destrói o maior patrimônio que uma pessoa tem: seu nome.

3. *Os homens serão cruéis*. A palavra grega *anemeros* era aplicada mais apropriadamente a uma fera selvagem que a um ser humano. Portanto, seu significado aqui é o de um indivíduo tão selvagem que não tem nenhuma sensibilidade nem simpatia.[146] Suas palavras machucam, suas ações ferem e suas reações são intempestivas e avassaladoras.

4. *Os homens serão traidores*. A palavra grega *prodotes* significa "delator". É a pessoa entreguista, em quem não se pode confiar. São os informantes traiçoeiros. Agem como

Alexandre, o latoeiro (2Tm 4.14), que delatou o apóstolo Paulo, culminando em sua segunda prisão e consequente martírio. Os traidores comportam-se traiçoeiramente como Judas Iscariotes. São víboras peçonhentas, lobos vorazes, rochas submersas, perigos implacáveis.

5. *Os homens serão atrevidos.* A palavra grega *propetes* significa "uma pessoa levada pela paixão". É usada para descrever aquele indivíduo que não para de falar ou agir movido completamente por sua paixão, incapaz de pensar de forma prudente e sensível.[147] É o ser humano que não se detém diante de nada para obter seus propósitos.[148]

6. *Os homens serão inimigos do bem.* A palavra grega *afilagathos* significa "aquele que não gosta de boas amizades". Esses são como urubus, preferem a podridão. Seu paladar moral perdeu completamente a sensibilidade. Essas pessoas têm uma atração mórbida por aquilo que está podre.

Em terceiro lugar, *a conduta moral em relação a Deus.* Quatro pecados são descritos na relação do homem com Deus.

1. *Os homens serão blasfemadores.* A palavra grega *blasfemia* significa "insulto a Deus e aos homens". Descreve aqueles indivíduos que desandam a boca para falar contra Deus e contra o próximo, zombam de Deus e escarnecem do próximo com suas palavras carregadas de veneno. É a crítica cruel a Deus e aos homens.

2. *Os homens serão ingratos.* A palavra grega *akaristos* significa "sem graça, sem gratidão". Refere-se às pessoas que se negam a reconhecer sua dívida com Deus e com o próximo. Barclay diz que esse é o pecado que mais fere porque é o mais cego de todos.[149] O termo se refere às pessoas que, mesmo recebendo tudo, não retribuem nada. São como os nove leprosos curados que não voltaram

para agradecer. São como Brutus, que, mesmo arrancado da sarjeta pelo imperador Júlio César, foi o algoz que o apunhalou pelas costas.

3. *Os homens serão irreverentes*. A palavra grega *anosios* significa "indecente", ou seja, o indivíduo que vive abertamente no pecado sem qualquer recato ou pudor. Trata-se daquela pessoa que já perdeu a vergonha e cujo único objetivo de vida é satisfazer seus desejos pervertidos.

4. *Os homens serão mais amigos dos prazeres que de Deus*. Essas pessoas adoram a si mesmas em vez de adorar a Deus. São ególatras e narcisistas. Estão embriagadas de amor por si mesmas. Vivem para satisfazer os próprios desejos. Fazem da vida uma corrida desenfreada em busca do prazer imediato. São consumados hedonistas.

O lazer, a diversão, o culto ao corpo e o culto ao estômago estão tomando o lugar de Deus na sociedade contemporânea. A televisão, o cinema, o futebol, os salões de jogos, os jogos de internet estão ocupando a mente e o tempo dos crentes. Em média, os cristãos passam 25 horas/semana diante da televisão e apenas 1 hora/semana estudando a Bíblia na Escola Dominical. Muitas pessoas que frequentam a igreja ainda vão a boates, clubes noturnos e casas de *shows*. O mundo as está apanhando em sua rede. Hans Burki diz que a raiz do problema dessas pessoas é que elas colocam a si mesmas e seus deleites acima de Deus. Buscar ser igual a Deus significa colocar a si mesmo no lugar de Deus, transformando-se em Deus e destituindo o Senhor.[150]

Em quarto lugar, *a conduta moral em relação à família*. Dois pecados são mencionados.

1. *Os homens serão desobedientes aos pais*. Este é o maior sinal de decadência de um povo. Quando os filhos não respeitam mais os pais, perderam por completo qualquer

respeito à autoridade. E o que se espera daí é a anarquia e a confusão.

2. *Os homens serão desafeiçoados.* A palavra *astorgos* significa "sem amor familiar". Sem o amor entre pais e filhos e sem a afeição no lar, não pode existir famílias saudáveis. Os filhos precisam se converter aos pais, e os pais, aos filhos.

Em quinto lugar, *a conduta moral em relação ao dinheiro.* Isso porque *os homens serão avarentos.* A palavra grega *filarguros,* traduzida por *avarentos,* significa literalmente "amantes da prata". Éfeso era a casa do tesouro da Ásia Menor. Muitas pessoas ali se perderam não por causa da pobreza, mas da riqueza. Mais pessoas perdem sua alma na fartura do que na escassez. O dinheiro é o deus mais adorado deste século. As pessoas matam, morrem, casam-se e divorciam-se por amor ao dinheiro.

Espiritualidade divorciada da vida (3.5)

O texto em apreço trata de duas questões importantes relacionadas à espiritualidade.

Em primeiro lugar, *a necessidade de fazer um diagnóstico da falsa religião. Tendo forma de piedade, negando-lhe, entretanto, o poder...* (3.5a). Todos os problemas relatados anteriormente não estão descrevendo apenas um mundo ímpio, mas pessoas religiosas. As pessoas frequentam a igreja, mas não mudam a vida. O mundo está arruinado porque a espiritualidade está divorciada da vida. Essas pessoas têm forma de piedade, mas nenhum poder. Hans Burki destaca acertadamente que aqueles que trazem a aparência de uma natureza temente a Deus, mas negam seu poder, apegar-se-ão à forma da religião, mas se distanciarão do Senhor. É bem verdade que ainda preservam os costumes formais da religiosidade, mas não lhe concedem nenhuma influência sobre sua vida.[151]

John Stott diz que, na história da humanidade, a religião e a moralidade têm estado mais distantes entre si do que juntas. As próprias Escrituras testificam esse fato de forma incontestável. Os grandes profetas éticos dos séculos VIII e VII a.C. apontaram os pecados de Israel e Judá nesse particular. Amós denunciou o crescimento da religião e da injustiça simultaneamente (Am 2.8). Isaías fez um diagnóstico parecido em Judá (Is 1.14-17). Jesus, em seu tempo, trouxe a lume a hipocrisia dos fariseus (Mt 23.25). A mesma epidemia ainda grassava entre as pessoas que Paulo está aqui descrevendo (3.5). Evidentemente essas pessoas frequentavam a igreja, cantavam hinos, diziam "amém" às orações e deitavam dinheiro no gazofilácio. Tinham aparência e palavras piedosas, mas nada mais eram que forma sem poder, aparência externa sem realidade interna, religião sem moral, fé sem obras.[152]

Quando olhamos para alguns segmentos da igreja evangélica brasileira, constatamos o mesmo problema: crescem em número, mas não em compromisso. Têm carisma, mas não caráter. Mostram números, mas não vida. Há iniquidade associada ao ajuntamento solene. As pessoas entram para a igreja, mas não são transformadas pelo evangelho.

Em segundo lugar, *a necessidade de se afastar da falsa religião. Foge também destes* (3.5b). Paulo não está ordenando que Timóteo se afaste de todos os pecadores, porque, se assim fosse, precisaria sair do mundo (1Co 5.9-12). Paulo está dizendo que Timóteo não deve ter comunhão com aqueles que se dizem crentes, mas vivem de forma desordenada ou hipócrita. É como se Paulo estivesse descrevendo uma espécie de cristianismo pagão.[153]

Zelo proselista (3.6-9)

Destacaremos cinco pontos importantes na análise do zelo dos prosélitos.

Em primeiro lugar, *seus métodos nada ortodoxos. Pois entre estes se encontram os que penetram sorrateiramente nas casas...* (3.6a). As pessoas amantes de si mesmas, do dinheiro e dos prazeres, totalmente corrompidas, além de religiosas, ainda são proselitistas, ou seja, ativas propagadoras da religião. O verbo grego *aichmalotizo*, traduzido por "cativar", retrata uma operação militar, e seu significado é "fazer prisioneiro de guerra". Paulo diz que o método empregado por esses mascates da heresia não era direto e aberto, mas furtivo, secreto, manhoso. Eles agiam como ladrões. Não entravam pela porta da frente. Escolhiam uma hora em que os homens não estavam em casa para seduzir as mulheres com mensagens falsas.[154]

Em segundo lugar, *suas presas vulneráveis ... e conseguem cativar mulherinhas sobrecarregadas de pecados, conduzidas de várias paixões, que aprendem sempre e jamais podem chegar ao conhecimento da verdade* (3.6b,7). Assim como a serpente aproveitou um momento em que Adão estava distante de Eva, também esses falsos mestres aproveitavam a ausência do marido para apanhar em sua rede essas mulheres sem envergadura moral e desprovidas de capacidade intelectual. A palavra usada por Paulo, *gynaikaria*, traduzida por *mulherinhas*, é um termo técnico de desprezo para descrever mulheres ociosas, tolas e sem firmeza.[155] Hendriksen diz que essas mulheres provavelmente temem as consequências de seus pecados, mas não se sentem necessariamente envergonhadas por eles.[156] Hans Burki é da opinião que essas mulheres são atormentadas por constantes dores de consciência e sobrecarregadas de autoacusações, ávidas por conhecimento e experiências que em última análise são irrealizáveis.[157] Essas mulherinhas são descritas como pessoas moralmente vulneráveis e intelectualmente limitadas. Em tal estado de confusão mental, é fácil dar ouvidos a qualquer mestre, até mesmo a um trapaceiro. Ellicott diz que "não era o amor à verdade que as impelia a aprender, mas somente um mórbido amor às novidades".[158] Stott acrescenta que essas mulheres fracas de caráter e de intelecto são uma presa fácil aos vendedores religiosos ambulantes.[159] Concordo com Warren Wiersbe que o termo *gynaikaria* não indica que todas as mulheres sejam assim, nem que os homens não sejam vulneráveis aos ardis dos falsos mestres.[160]

Em terceiro lugar, *sua aversão à verdade. E, do modo por que Janes e Jambres resistiram a Moisés, também estes resistem à verdade...*(3.8a). Janes e Jambres eram os nomes dos magos da corte do faraó que resistiram a Moisés quando este tirava o povo de Israel da escravidão do Egito. Embora o Antigo Testamento não os cite nominalmente, podemos deduzir que o livro de Êxodo está descrevendo a atividade deles. Esses magos queriam fazer os mesmos milagres operados por Deus por intermédio de Moisés, mas seu poder se revelou limitado (Êx 7.11; 8.7), e eles foram atingidos pelos juízos de Deus da mesma forma que o restante do povo do Egito (Êx 9.11). Esses dois magos egípcios acabaram se tornando emblemáticos e simbolizando todos aqueles que tentam frustrar os propósitos de Deus e resistir à sua Palavra. Warren Wiersbe tem razão em dizer que Satanás é imitador e falsifica o que Deus faz. Os líderes religiosos dos últimos dias têm uma fé falsa, e seu objetivo é promover mentiras e resistir à verdade da Palavra de Deus. Eles negam a autoridade das Escrituras e colocam a sabedoria humana em seu lugar.[161]

Em quarto lugar, *sua inconsistência moral ... são homens de todo corrompidos na mente, réprobos quanto à fé* (3.8b). Os falsos mestres têm não apenas a teologia errada, mas também a vida errada. Aquilo em que eles creem determina o que eles fazem. Porque resistem à verdade, vivem no engano de sua mente corrompida. De fato, são réprobos quanto à fé, ou seja, foram testados e considerados falsos.

Em quinto lugar, *seu fracasso inevitável. Eles, todavia, não irão avante; porque a sua insensatez será a todos evidente, como também aconteceu com a daqueles* (3.9). Paulo afirma categoricamente que os falsos mestres não terão sucesso permanente. A falsidade de sua doutrina e a depravação de sua conduta serão desmascaradas. John Stott tem razão em dizer que há algo de espúrio na heresia que salta aos olhos. Talvez o erro se alastre e se popularize por algum tempo, mas não irá avante. Por fim, terá de vir à luz, e a verdade será certamente restabelecida. Deus preserva a sua verdade na igreja![162] A falsidade não pode sobreviver. A luz prevalece sobre as trevas!

Ande com Deus (3.10-12)

Em evidente contraste à situação daquela época de declínio dos costumes morais, religião inautêntica e propagação de falsas doutrinas, Timóteo é chamado a ser diferente e, se necessário, a permanecer sozinho.[163] Timóteo estava rodeado de falsos mestres. Por isso, deveria seguir o exemplo fiel de Paulo. Precisamos de líderes que sirvam de modelo para os mais jovens. Precisamos de pessoas que falem a verdade e vivam a verdade. Quais são as marcas desses líderes?

Em primeiro lugar, *sua vida é um modelo digno de ser imitado. Tu, porém, tens seguido, de perto, o meu ensino...*

(3.10a). Em vez de adotar a falsa doutrina dos mascates da heresia e imitar sua conduta pervertida, Timóteo subscrevia o ensino de Paulo e seguia de perto seu exemplo. Paulo não era um teórico da fé. Ele praticava o que ensinava. O verbo *parakolouthein* significa seguir o raciocínio, compreender, aceitar a ideia ou seguir fielmente sem contestar.[164] Essa é a palavra correta para o discípulo, porque inclui a fidelidade inabalável do verdadeiro companheiro, a compreensão plena do verdadeiro aluno e a completa obediência de um servo dedicado.[165]

Em segundo lugar, *sua doutrina é confirmada pelo testemunho. ... procedimento, propósito, fé, longanimidade, amor, perseverança* (3.10b). Timóteo seguiu não apenas o ensino de Paulo, mas também sua conduta. O procedimento de Paulo era irrepreensível. Seu propósito era testemunhar o evangelho da graça, ainda que isso lhe custasse a própria vida (At 20.24). Sua fé estava ancorada em Cristo Jesus. Sua paciência diante das reações hostis sofridas por todos os recantos por onde passava era notória. Seu amor desvelado ao povo, bem como aos eleitos de Deus, era inegável. Sua paciência triunfadora diante das circunstâncias adversas era assaz eloquente.

Em terceiro lugar, *sua fidelidade é demonstrada pela disposição de sofrer por Cristo. As minhas perseguições e os meus sofrimentos, quais me aconteceram em Antioquia, Icônio e Listra – que variadas perseguições tenho suportado! De todas, entretanto, me livrou o Senhor. Ora, todos quantos quiserem viver piedosamente em Cristo serão perseguidos* (3.11,12). O próprio Jesus disse acerca de Paulo: *Pois eu lhe mostrarei quanto lhe importa sofrer pelo meu nome* (At 9.16). Por onde passou, Paulo sofreu: foi perseguido em Damasco, rejeitado em Jerusalém, esquecido em Tarso e apedrejado em Listra.

Foi preso e açoitado em Filipos, escorraçado de Tessalônica, enxotado de Bereia e chamado de tagarela em Atenas. Foi chamado de impostor em Corinto e enfrentou feras em Éfeso. Foi preso em Jerusalém e acusado em Cesareia. Enfrentou um naufrágio na viagem para Roma e foi picado por uma cobra em Malta. Foi preso duas vezes na cidade de Roma e agora estava numa masmorra, aguardando sua inevitável execução.

Paulo destaca apenas as agruras sofridas na primeira viagem missionária, na província da Galácia (expulso de Antioquia da Pisídia,[166] teve de fugir de Icônio para não ser linchado,[167] mas em Listra foi apedrejado e arrastado da cidade como morto).[168] Foi nesse tempo que Timóteo se converteu a Cristo e a partir daí se tornou companheiro do apóstolo. Assim como o martírio de Estêvão influenciou a conversão de Paulo, os sofrimentos de Paulo devem ter influenciado a conversão de Timóteo.

Paulo é enfático ao afirmar que, de todas essas perseguições, Deus o livrou. Concordo com Hendriksen quando ele diz: "O Senhor sempre resgata seu povo *da* morte e às vezes *por meio da* morte. De todo modo, nada nos separa de seu amor".[169]

Depois de relatar suas variadas perseguições, Paulo afirma, categórica e insofismavelmente, que todos aqueles que querem viver piedosamente em Cristo serão perseguidos (3.12). O próprio Jesus já havia alertado sobre essa realidade:

> *Se o mundo vos odeia, sabei que, primeiro do que a vós outros, me odiou a mim. Se vós fôsseis do mundo, o mundo amaria o que era seu; como, todavia, não sois do mundo, pelo contrário, dele vos escolhi, por isso, o mundo vos odeia. Lembrai-vos da palavra que eu vos disse: não é o servo maior do que seu senhor. Se me perseguiram a mim, também*

perseguirão a vós outros; se guardaram a minha palavra, também guardarão a vossa (Jo 15.18-20).

A piedade sempre provoca o antagonismo do mundo (3.12). Paulo já havia deixado isso claro (At 14.22; 1Ts 3.4). Os impostores querem glórias, e não sofrimento; holofotes, e não abnegação; aplausos, e não dor (3.13). Hoje os líderes religiosos buscam os holofotes. Eles promovem a si mesmos. Buscam as glórias do mundo. São heróis, e não mártires. Concordo, porém, com a declaração de Barclay: "É melhor sofrer com Deus e com a verdade do que prosperar com os homens e com a mentira, pois a perseguição é transitória, mas a glória final dos fiéis é segura".[170] As cicatrizes são o preço que todo crente paga por sua lealdade a Cristo. A perseguição é um cálice que todo crente fiel a Cristo precisa beber.

Certa feita perguntaram a um professor:
– Se a igreja for mais perseguida, será mais fiel?
– Não! Se a igreja for mais fiel, será mais perseguida! respondeu ele.

John Stott diz corretamente que aqueles que estão em Cristo, mas não no mundo, não são perseguidos, porque não entram em contato e, portanto, em conflito com os seus perseguidores potenciais. Aqueles que estão no mundo, mas não em Cristo, também não são perseguidos, porque o mundo nada vê neles digno de perseguição. Os primeiros escapam da perseguição recuando-se do mundo; os últimos, pela assimilação das coisas do mundo. A perseguição é inevitável somente para aqueles que estão simultaneamente no mundo e em Cristo Jesus.[171] Calvino corrobora essa ideia dizendo que "é inútil tentar separar Cristo de sua cruz, e é muito natural que o mundo odeie a Cristo, incluindo seus membros".[172]

Fidelidade à Palavra de Deus (3.13-17)

Não obstante as centenas de livros evangélicos, as dezenas de Bíblias de estudo, estamos vendo uma geração analfabeta de Bíblia. Os crentes não têm firmeza. Eles correm atrás das últimas novidades do mercado da fé. Não examinam mais a Palavra de Deus. Não têm raízes nem compromisso. A luz interior é mais importante que a Palavra revelada. A experiência é mais importante que a verdade. As emoções estão no trono, e a razão está destronada. As pessoas buscam salvação, mas não o Salvador. Querem as bênçãos, mas não o abençoador. Querem as dádivas, mas não o compromisso.

Destacamos dois pontos importantes a respeito da fidelidade à Palavra.

Em primeiro lugar, *a instabilidade dos impostores e a firmeza dos que permanecem na Palavra. Mas os homens perversos e impostores irão de mal a pior, enganando e sendo enganados. Tu, porém, permanece naquilo que aprendeste e de que foste inteirado, sabendo de quem o aprendeste* (3.13,14). Nesse sentido, Paulo enfatiza duas realidades:

1. *A instabilidade dos impostores* (3.13). As pessoas que abandonam a Palavra para buscar as novidades do mercado da fé seguem enganando e sendo enganadas. A vida é uma ciranda. Todo dia há coisa nova. Há uma leveza, uma mutação constante. Nada é permanente. A cada dia é preciso inventar uma novidade: uma nova doutrina, uma nova prática, uma nova experiência. A cada geração, precisamos estar atentos aos perigos das inovações: 1) misticismo pragmático; 2) liberalismo teológico; 3) ortodoxia morta; 4) experiencialismo intimista. Vivemos hoje a realidade de uma igreja pós-denominacional. Os líderes estão fundando igrejas como se fossem franquias empresariais. Veem a igreja como uma empresa familiar,

uma fonte de lucro. Hendriksen diz acertadamente que o castigo recebido pelos que querem enganar outros é serem vítimas de um poder enganador. Aqueles que usam a arma do engano serão degolados pelo engano. Eles tentam iludir, mas eles mesmos serão iludidos.[173]

2. *A firmeza dos fiéis* (3.14). A ordem de Paulo a Timóteo para permanecer firme nas Escrituras nunca foi tão oportuna quanto em nossa geração, pois, como diz Stott, "os homens se orgulham de inventar *um novo cristianismo* com uma *nova teologia* e uma *nova moral*, tudo isso dando sinais de uma *nova reforma*".[174] Paulo ordena que Timóteo permaneça firme nas Escrituras, e isso porque ele não as aprendeu de nenhum aventureiro espiritual, mas, desde a infância, de sua avó e de sua mãe (1.15; 3.15) e mais tarde do próprio apóstolo Paulo, a quem Jesus confiara esse sagrado depósito (1.2; 1.6; 1.11,12; 3.10).

Em segundo lugar, *a superioridade da Palavra de Deus em relação ao engano dos impostores* (3.15-17). As Escrituras são sagradas, confiáveis e úteis. A Bíblia é o Livro dos livros: inspirada por Deus, escrita por homens santos, concebida no céu, nascida na terra, odiada pelo inferno, pregada pela igreja, perseguida pelo mundo e crida pelos fiéis. A Palavra de Deus é infalível, inerrante e suficiente. É vencedora invicta em todas as batalhas. Tem saído ilesa do ataque implacável dos críticos e das fogueiras da intolerância. A Palavra de Deus é a bigorna que tem quebrado todos os martelos dos céticos. Homens perversos se esforçam para destruí-la, queimá-la, escondê-la ou atacá-la, mas ela tem saído incólume de todas essas investidas. É viva e poderosa. É atual e oportuna. É a divina semente. Por meio dela somos gerados de novo. Por meio dela cremos em Cristo. Por meio dela somos fortalecidos. A Palavra de Deus é água para os sedentos, pão para os famintos e luz para os errantes. Por meio dela somos santificados e através dela recebemos poder. Ela é a arma de combate e o escudo que nos protege. É mais preciosa que o ouro e mais doce que o mel.

Duas verdades devem ser aqui destacadas em relação à Palavra.

Primeiro, *a origem das Escrituras. Toda a Escritura é inspirada por Deus...* (3.16a). As Escrituras não são fruto da lucubração humana, mas da revelação divina. Elas não provêm da descoberta humana, mas do sopro divino. Toda a autoridade das Escrituras depende exclusivamente da sua origem divina. A palavra grega *theopneustos* significa literalmente "soprada por Deus". Isso não quer dizer, porém, que Deus anulou a personalidade, o estilo ou a preparação de seus escritores, uma vez que esses homens santos *falaram movidos pelo Espírito Santo* (2Pe 1.21). Significa, porém, que as Escrituras surgiram na mente de Deus e foram comunicadas pela boca de Deus, pelo sopro de Deus ou pelo seu Espírito. As Escrituras são, pois, no verdadeiro sentido do termo, *a Palavra de Deus*, porque Deus as disse. É como os profetas costumavam anunciar: *a boca do SENHOR o disse.*[175]

É importante destacar que toda a Escritura, e não apenas parte dela, é inspirada por Deus. Tanto o Antigo quanto o Novo Testamentos compõem as Escrituras (3.14; 2Tm 5.18; 1Co 2.13; 2Co 2.17; 13.3; Gl 4.14; Cl 4.16; 1Ts 2.13; 5.27; 2Pe 3.16). Muitos liberais aproximam-se das Escrituras carregados de ceticismo e contestando toda inspiração, inerrância e infalibilidade. Há aqueles que, enganosamente, afirmam que as Escrituras apenas contêm a Palavra de Deus, mas não são a Palavra de Deus. Outros negam sua historicidade e tentam, jeitosamente, explicar seus registros históricos e seus milagres de forma metafórica. Permanece a verdade inabalável de que toda a Escritura é inspirada por Deus. Sobre esse sólido fundamento, devemos erigir nossa fé. João Wesley usou uma forte lógica para provar a origem divina das Escrituras:

> A Bíblia foi concebida por uma das três fontes: 1) por homens bons ou anjos; 2) por homens maus ou demônios; 3) ou por Deus. Primeiro, a Bíblia não poderia ter sido concebida por homens bons nem por anjos, porque ambos não poderiam escrever um livro em que mentissem em cada página escrita em que houvesse as palavras: Assim diz o SENHOR, sabendo perfeitamente que o Senhor nada dissera e que todas as coisas tivessem sido inventadas por eles. Segundo, a Bíblia não poderia ter sido concebida por homens maus ou demônios, porque não poderiam escrever um livro que ordena a prática de todos os bons conselhos, proíbe pecados e descreve o castigo eterno de todos os incrédulos. Portanto, concluo que a Bíblia foi concebida por Deus e revelada aos homens.[176]

Segundo, *o propósito das Escrituras* (3.15-17). Se a origem das Escrituras nos fala de onde ela provém, seu propósito trata do que ela pretende. Vejamos três faces desse propósito.

1. *As Escrituras conduzem as pessoas à salvação. E que, desde a infância, sabes as sagradas letras, que podem tornar-te sábio para a salvação...* (3.15). A Bíblia é essencialmente um manual de salvação. Seu propósito mais alto não é ensinar fatos da ciência que o homem pode descobrir por sua investigação experimental, mas ensinar fatos da salvação que nenhuma exploração humana pode descobrir e somente Deus pode revelar.[177] As Escrituras falam sobre a criação e a queda. Ensinam sobre o juízo de Deus e também de seu amor redentor.

2. *As Escrituras anunciam a salvação por intermédio de Cristo. ... pela fé em Cristo Jesus* (3.15b). A salvação é por meio de Cristo. No Antigo Testamento, as pessoas eram salvas pelo Cristo da promessa; no Novo Testamento, elas são salvas pelo Cristo da história. No Antigo Testamento, as pessoas olhavam para a frente, para o Cristo que haveria de vir; no Novo Testamento, elas olham para trás, para o Cristo que já veio. No Antigo Testamento, as pessoas creram no Cristo da promessa; no Novo Testamento, as pessoas creram no Cristo da história. O Antigo Testamento anuncia a promessa e a preparação para a chegada de Cristo. Os Evangelhos expõem o nascimento, a vida, o ensino, os milagres, a morte, a ressurreição e a ascensão de Cristo. O livro de Atos relata a propagação do evangelho de Cristo desde Jerusalém até Roma. As epístolas apresentam a ilimitada glória da pessoa e da obra de Cristo, aplicando-a à vida do cristão e da Igreja. O Apocalipse traz a consumada vitória de Cristo e da sua igreja. Cristo é o centro da eternidade, da história e das Escrituras. Ele é o Salvador do mundo, o único nome dado entre os homens pelo qual importa que sejamos salvos (At 4.12).

3. *As Escrituras tratam tanto da doutrina quanto da conduta ... e útil para o ensino, para a repreensão, para a correção, para a educação na justiça, a fim de que o homem de Deus seja perfeito e perfeitamente habilitado para toda boa obra* (3.16b,17). Pressupõe-se ensino ou doutrina (o que é certo); repreensão (o que não é certo); correção (como se tornar certo); educação na justiça (como permanecer certo). John N. D. Kelly explica essa passagem da seguinte forma:

> A Escritura é pastoralmente útil para o ensino, isto é, como fonte positiva de doutrina cristã; para repreensão, isto é, para refutar o erro

e para repreender o pecado; para a correção, isto é, para convencer os mal-orientados dos seus erros e colocá-los no caminho certo outra vez; e para a educação na justiça, isto é, para a educação construtiva na vida cristã.[178]

NOTAS DO CAPÍTULO 4

[126] KELLY, John N. D. *I e II Timóteo e Tito: introdução e comentário*, p. 178.
[127] STOTT, John. *Tu, porém: a mensagem de 2Timóteo*, p. 76.
[128] CALVINO, John. *Calvin's Commentaries*. Vol. XXI. 2009, p. 236.
[129] STOTT, John. *Tu, porém: a mensagem de 2Timóteo*, p. 77.
[130] BARCLAY, William. *I y II Timoteo, Tito y Filemon*, p. 192.
[131] WIERSBE, Warren W. *Comentário bíblico expositivo*, p. 324.
[132] STOTT, John. *Tu, porém: a mensagem de 2Timóteo*, p. 77.
[133] BARCLAY, William. *I y II Timoteo, Tito y Filemon*, p. 193.
[134] STOTT, John. *Tu, porém: a mensagem de 2Timóteo*, p. 75.
[135] IBID., p. 76.
[136] HENDRIKSEN, Guillermo. *1 y 2 Timoteo y Tito*, p. 319.
[137] WIERSBE, Warren W. *Comentário bíblico expositivo*, p. 324.
[138] KELLY, John N. D. *I e II Timóteo e Tito: introdução e comentário*, p. 178.
[139] BARCLAY, William. *I y II Timoteo, Tito y Filemon*, p. 195.
[140] IBID., p. 196-197.
[141] KELLY, John N. D. *I e II Timóteo e Tito: introdução e comentário*, p. 179.
[142] BARCLAY, William. *I y II Timoteo, Tito y Filemon*, p. 197.
[143] IBID., p. 200.

[144] BARCLAY, William. *I y II Timoteo, Tito y Filemon*, p. 199.
[145] IBID., p. 200.
[146] IBID., p. 201.
[147] IBID., p. 202.
[148] KELLY, John N. D. *I e II Timóteo e Tito: introdução e comentário*, p. 179.
[149] BARCLAY, William. *I y II Timoteo, Tito y Filemon*, p. 199.
[150] BURKI, Hans. Segunda carta a Timóteo. In: *Carta aos Tessalonicenses, Timóteo, Tito e Filemom*, p. 350.
[151] IBID.
[152] STOTT, John. *Tu, porém: a mensagem de 2Timóteo*, p. 81-82.
[153] ELLICOTT, C. J. *The Pastoral Epistles of St. Paul*.1869, p. 1869, p. 144.
[154] STOTT, John. *Tu, porém: a mensagem de 2Timóteo*, p. 83.
[155] IBID.
[156] HENDRIKSEN, Guillermo. *1 y 2 Timoteo y Tito*, p. 324.
[157] BURKI, Hans. Segunda carta a Timóteo. In: *Cartas aos Tessalonicenses, Timóteo, Tito e Filemom*, p. 352.
[158] ELLICOTT, C. J., p. 146.
[159] STOTT, John. *Tu, porém: a mensagem de 2Timóteo*, p. 84.
[160] WIERSBE, Warren W. *Comentário bíblico expositivo*, p. 325.
[161] IBID., p. 326.
[162] STOTT, John. *Tu, porém: a mensagem de 2Timóteo*, p. 85.
[163] IBID., p. 87.
[164] IBID., p. 88.
[165] BARCLAY, William. *I y II Timoteo, Tito y Filemon*, p. 207.
[166] Atos 13.50.
[167] Atos 14.5,6.
[168] Atos 14.19.
[169] HENDRIKSEN, Guillermo. *1 y 2 Timoteo y Tito*, p. 330.
[170] BARCLAY, William. *I y II Timoteo, Tito y Filemon*, p. 210.
[171] STOTT, John. *Tu, porém: a mensagem de 2Timóteo*, p. 91.
[172] CALVIN, John. *Calvin's Commentaries*, p. 244.
[173] HENDRIKSEN, Guillermo. *1 y 2 Timoteo y Tito*, p. 332.
[174] STOTT, John. *Tu, porém: a mensagem de 2Timóteo*, p. 93.
[175] IBID., p. 97.
[176] WALDVOGEL, Luiz. *Vencedor em todas as batalhas*. Santo André: Casa Publicadora Brasileira, s.d., p. 53.
[177] STOTT, John. *Tu, porém: a mensagem de 2Timóteo*, p. 97.
[178] KELLY, John N. D. *I e II Timóteo e Tito: introdução e comentário*, p. 187.

Capítulo 5

A pregação da Palavra num mundo de relativismo
(2Tm 4.1-5)

O APÓSTOLO PAULO falou sobre três compromissos que Timóteo deveria abraçar em seu ministério: não se envergonhar do evangelho, sofrer pelo evangelho e preservar o evangelho; agora, fala acerca do último compromisso: pregar o evangelho.

O texto em apreço trata acerca da sublime missão do pregador. George Barlow afirma que o pregador precisa: a) cumprir sua missão na presença do Divino Juiz a quem prestará contas (4.1); b) usar todos os métodos legítimos para realizar sua obra com eficácia (4.2); c) ser fiel às Escrituras em tempos de apostasia e erro (4.3,4); e d) exercer contínua vigilância e corajosa devoção no cumprimento do seu dever (4.5).[179]

Destacamos alguns pontos importantes para nossa reflexão.

A motivação para pregar o evangelho (4.1)

Antes de dar a ordem a Timóteo para pregar a Palavra, Paulo lhe oferece três poderosas motivações.

Em primeiro lugar, *eles prestarão contas ao Juiz de vivos e mortos. Conjuro-te, perante Deus e Cristo Jesus, que há de julgar vivos e mortos...*(4.1a). O veterano apóstolo Paulo está fechando as cortinas da vida, no corredor da morte, caminhando para o martírio. Antes de partir, porém, passa às mãos de Timóteo o bastão do evangelho. Transfere para ele essa solene incumbência. O verbo grego *diamartyromai*, traduzido por *conjuro-te*, tem conotações legais e pode significar "testificar sob juramento" numa corte de justiça[180] ou "dar testemunho solene".

O momento é sério, e Paulo deseja que Timóteo reconheça sua importância. É sério não apenas porque o apóstolo está diante da morte, mas, principalmente, porque tanto Paulo quanto Timóteo serão julgados no dia em que Jesus Cristo vier.[181] John N. D. Kelly diz que a referência ao julgamento é especialmente apropriada, pois é Cristo quem, na segunda vinda, julgará até que ponto Timóteo, e qualquer outro ministro do evangelho, desempenhou suas obrigações momentosas.[182] Paulo diz a Timóteo: Você está diante de Deus e do Messias, o Juiz de todos, devendo prestação de contas a ele. O que pessoas dizem sobre você não terá importância no dia do juízo final, motivo pelo qual você deve libertar-se disso desde já, a fim de poder cumprir livremente sua tarefa, inclusive quando ela acarretar sofrimento e perseguição.[183]

Paulo conhecia bem a personalidade de Timóteo. Ele era um jovem tímido. Além disso, lidava com frequentes enfermidades. Esse jovem pastor estava à frente da igreja de Éfeso, a maior da época. Era um tempo de atroz perseguição política e incansável ataque dos falsos mestres. Os crentes da Ásia entraram numa debandada geral. As pressões externas e os temores internos eram gigantescos. Timóteo não podia fraquejar. Precisava saber que o mais importante nessa empreitada de consequências eternas era ouvir do supremo Juiz as doces palavras: *Bem feito. Porque foste fiel no pouco, agora sobre o muito te colocarei. Entra no gozo do teu Senhor* (cf. Mt 25.21).

Paulo dá essa ordem a Timóteo perante Deus e Cristo Jesus. Concordo com Stott quando ele diz que o mais forte de todos os incentivos à fidelidade é saber que a ordem foi dada por Deus. Basta a Timóteo saber que ele é servo do Altíssimo e embaixador de Cristo Jesus.[184]

Não apenas os incrédulos estarão diante do tribunal de Deus para dar conta de sua vida, mas também os crentes, sobretudo os pregadores. Timóteo recebe essa incumbência do apóstolo Paulo, mas prestará contas de seu ministério àquele que julga vivos e mortos. O pregador é um arauto. Não pode mudar a mensagem que lhe foi confiada. É um embaixador. Não fala em seu nome, mas no nome e na autoridade daquele que o enviou. Não representa a si mesmo, mas a seu soberano. O pregador infiel que acrescenta algo à mensagem ou dela subtrai será reprovado no dia do acerto de contas.

Em segundo lugar, *ele prestará contas ao Vencedor que virá em glória. ... pela sua manifestação...* (4.1b). John Stott esclarece que a ênfase maior desse primeiro versículo não recai tanto na presença de Deus, mas na volta de Cristo.[185] Devemos viver à luz dessa esperança. Devemos viver como que na ponta dos pés, aguardando e apressando o dia da vinda de Deus. Somos o povo que não apenas aguarda ansiosamente a volta de Cristo, mas o povo que ama a vinda do Senhor (4.8). Jesus voltará pessoalmente, visivelmente, audivelmente, repentinamente, inesperadamente, poderosa mente, gloriosamente, vitoriosamente. A palavra *epifania* era usada para a manifestação dos imperadores romanos quando eles visitavam as províncias do império. Jesus, o Rei dos reis, virá em glória para julgar as nações e é perante ele que Timóteo prestará contas de seu ministério.

Em terceiro lugar, *ele prestará contas ao Rei que vem para estabelecer seu reino de glória. ... e pelo seu reino* (4.1c). A segunda vinda de Cristo será absolutamente distinta da primeira. Na primeira vinda, ele se esvaziou e se humilhou; nasceu num berço pobre, foi educado numa família pobre e cresceu numa cidade pobre. Não tinha sequer onde reclinar a cabeça. Entrou em Jerusalém num jumentinho emprestado e foi sepultado num túmulo emprestado. Mas, em sua segunda vinda, virá em majestade e glória. Assentar-se-á no seu trono para julgar as nações. Julgará vivos e mortos, grandes e pequenos, reis e vassalos. Virá com grande poder para esmagar debaixo de seus pés todos os seus inimigos. Virá para estabelecer seu reino de glória. Então, todo joelho se dobrará e toda língua confessará que ele é Senhor. Anjos, homens e demônios precisarão se prostrar diante do Rei dos reis. Jesus é o Rei que vem estabelecer seu reino de glória, e ele reinará com sua igreja pelos séculos dos séculos. Essa verdade gloriosa e insofismável deve ser um tônico para encorajar os pregadores a permanecerem firmes na proclamação do evangelho a um mundo rendido por falsas doutrinas.

A ordem para pregar o evangelho (4.2)

Paulo passa da motivação de pregar o evangelho para o imperativo de sua proclamação: *Prega a palavra...* (4.2a). Pregar a Palavra é a principal missão de um ministro. A Palavra tem supremacia, e a pregação, primazia. O que Timóteo deve pregar? A Palavra de Deus! Essa Palavra é idêntica ao *depósito*, à *Escritura*, às *sagradas letras*, à *sã doutrina*, à *verdade* e à *fé*. O pregador não pode pregar as próprias palavras. Não pode, também, torcer as palavras de Deus. Não pode subtrair nem acrescentar nada à Palavra. Seu papel não é ser popular, mas fiel. Seu chamado é para pregar a Palavra, e não sobre a Palavra. A Palavra é o conteúdo da mensagem e autoridade do mensageiro. O pregador não cria a mensagem; ele a proclama.

Concordo com Pierre Marcel, que escreve: "Pregar a Palavra de Deus não é uma invenção da igreja, mas uma comissão por ela recebida".[186] A Palavra de Deus escrita foi dada para tornar-se a Palavra pregada. A Palavra de Deus é revelada aos seres humanos na forma escrita (Escrituras), na forma humana (Cristo) e na forma falada (pregação).

Warren Wiersbe explica que o verbo grego *kerux* significa pregar como um arauto. Nos tempos de Paulo, o governante possuía um arauto especial que fazia as proclamações ao povo. Era comissionado pelo governante para proclamar sua mensagem em voz alta e claramente, de modo que todos ouvissem. Não era um embaixador com o privilégio de negociar; era um mensageiro com uma proclamação a ser ouvida e cumprida. Deixar de atender ao mensageiro era uma falta grave, e maltratar o mensageiro era mais grave ainda.[187]

Essa mensagem do Rei não pode ser proclamada sem entusiasmo e convicção. Hendriksen ressalta que a proclamação é viva, e não seca; oportuna, e não obsoleta.[188] Concordo com Martyn Lloyd-Jones quando ele diz que a pregação é a lógica em fogo. A pregação é a razão eloquente. A pregação é a teologia em fogo, é a teologia vinda de um homem que está em fogo.[189] É conhecida a expressão de John Wesley: "Ponha fogo no seu sermão ou ponha seu sermão no fogo". A pregação é vital para a igreja e o mundo. A fé vem pela pregação da Palavra. Uma igreja pode existir sem prédios, sem liturgia e até sem credo, porém não pode existir sem a pregação da Palavra.

Mas o que é pregação? É a comunicação oral da verdade bíblica pelo Espírito Santo, por intermédio de uma personalidade humana, a determinado público, com a intenção de salvar os perdidos e fortalecer os salvos.[190]

Uma coisa é pregar a Palavra. Outra coisa é pregar sobre a Palavra. A Palavra é o conteúdo da pregação e a autoridade do pregador. O pregador não gera a mensagem; ele a proclama. A mensagem não é fruto da subjetividade do pregador, mas da exposição fiel da Palavra. John Stott tem plena razão em dizer que não temos nenhuma liberdade para inventar a nossa mensagem, mas somente para comunicar *a palavra* proferida por Deus e agora entregue à igreja, em sagrada custódia.[191]

Até aqui Paulo ordenou a Timóteo guardar a Palavra, sofrer pela Palavra e permanecer na Palavra. Agora, o apóstolo ordena que Timóteo pregue a Palavra. Não basta conservar intacta a verdade, livre dos laivos de heresia. Não é suficiente apenas preservar a sã doutrina. A Palavra precisa ser proclamada com fidelidade, senso de urgência e no poder do Espírito Santo. Foi isso o que Paulo fez ao longo de sua vida. Ele cruzou desertos, navegou por mares bravios, pregou a Palavra de Deus em muitas cidades, povoados, templos, sinagogas, praças, ilhas, praias, escolas, tribunais e prisões.

Pregou a grandes multidões, a pessoas livres e escravas, a vassalos e reis, a sábios e iletrados, a judeus e gentios. Pregou sempre com grande entusiasmo, estivesse são ou enfermo, prisioneiro ou liberto, fosse amado ou odiado, aplaudido ou apedrejado, vivendo na abundância ou pobreza. Agora, ele ordena a Timóteo que faça o mesmo.

Os pregadores não são chamados para pregar as palavras de homens, as filosofias do mundo, as decisões dos concílios, os dogmas da igreja, os sonhos, as visões e revelações forâneas dos profetas modernos, mas a infalível e poderosa Palavra de Deus.

Stott diz que quatro sinais devem caracterizar a proclamação da Palavra. Vejamos a seguir.

Em primeiro lugar, *deve ser uma proclamação urgente. ... insta, quer seja oportuno, quer não...* (4.2b). O verbo grego *ephistemi*, traduzido por "instar", significa literalmente "estar de prontidão".[192] O pregador precisa ter um profundo senso de urgência. Nas palavras do puritano Richard Baxter, o pregador deve pregar como se fosse um homem que está às portas da morte, pregando a pessoas que estão prestes a morrer. Martyn Lloyd-Jones cita suas palavras literalmente: "Preguei como se nunca mais fosse pregar novamente, como um moribundo a outro moribundo".[193] Concordo com Martyn Lloyd-Jones quando ele diz:

> A tarefa de pregar é o chamado mais alto, maior e mais glorioso que alguém pode receber. Se você quiser adicionar algo a essa tarefa, eu diria, sem hesitação, que a necessidade mais urgente na igreja cristã hoje é a pregação autêntica; por ser a necessidade maior e mais urgente da igreja, é também evidentemente a maior necessidade do mundo. Não há nada como a pregação. Ela é a mais elevada tarefa deste mundo, a mais emocionante, a mais empolgante, a mais compensadora e a mais maravilhosa.[194]

Estou de pleno acordo com Stott no sentido de que a expressão *quer seja oportuno, quer não* não deve ser tomada como desculpa para a falta de tato com as pessoas, o que muitas vezes tem caracterizado a evangelização. Essa expressão aplica-se não tanto aos ouvintes, mas principalmente a quem fala. Assim, o que temos aqui não é uma base bíblica para a grosseria, mas sim apelo contra a preguiça.[195] Hans Burki explica que o sentido dessas palavras de Paulo a Timóteo é: Agarra todas as oportunidades, pareçam elas propícias ou não, pois o *kairós* (tempo oportuno) precisa ser percebido e agarrado, remido e aproveitado, não no sentido do bordão "tempo é dinheiro", mas tempo é salvação, tempo é salvífico para a decisão. O dia da salvação é oferta suprema e última antes do dia do juízo.[196]

Em segundo lugar, *deve ser uma proclamação contextualizada. ... corrige, repreende, exorta...* (4.2c). Paulo se dirige a Timóteo como um comandante militar, dando ordens expressas: Prega! Corrige! Repreende! Exorta! *Pregar* é exercer o papel de um arauto que comunica a urgente mensagem do Rei. *Corrigir* significa convencer os que contradizem; trazer à luz os pecados; revelar um erro. *Repreender* é o confronto direto. *Quando teu irmão pecar, corrige-o, quando se arrepender, perdoa-lhe* (Mt 18.15). Como fez Paulo com o impuro de Corinto (1Co 5.1-8,13) e como fez Natã com Davi (2Sm 13.1-15). *Exortar* significa chamar para estar perto, buscar para auxílio, consolar.[197]

A Palavra fala a homens diferentes, em situações diferentes. O pregador deve ser fiel e ao mesmo tempo relevante. Deve usar "argumentos, repreensão e apelo", o que vem a ser quase uma classificação de três abordagens: a intelectual, a moral e a emocional. John N. D. Kelly diz que esse deve ser o tríplice apelo do pregador à razão, à consciência e à vontade.[198] Porque muitas pessoas se encontram atormentadas por dúvidas e precisam ser repreendidas; outras são perseguidas pelas dúvidas e precisam ser encorajadas. É dever do pregador aplicá-la contextualmente.[199] O sermão é uma ponte entre dois mundos, ligando o texto antigo ao ouvinte contemporâneo. A pregação é a exposição e a aplicação da Palavra. Sem explicação, não é expositiva; sem aplicação, não é pregação. A aplicação é a vida da pregação.

Em terceiro lugar, *deve ser uma proclamação paciente. ... com toda a longanimidade...* (4.2d). A Palavra precisa ser pregada com toda a longanimidade. A palavra grega *makrothumia* significa o tipo de espírito que nunca se irrita, nunca se cansa, nunca se desespera. É uma espécie de paciência triunfadora no trato com as pessoas. O pregador deve ser firme na Palavra e sensível com as pessoas. Não é seu papel forçar os ouvintes. Ao contrário, deve ser brando para com todos e fugir das contendas (2.24,25). Stott tem razão em dizer que, mesmo sendo solene o nosso comissionamento e urgente a nossa mensagem, não se justifica uma conduta rude ou impaciente.[200]

Em quarto lugar, *deve ser uma proclamação fiel às Escrituras. ... e doutrina* (4.2e). A Palavra precisa ser pregada com toda doutrina. A proclamação precisa ser repleta de ensino, ou seja, o *kerygma* precisa vir acompanhado do *didaquê*. O teólogo precisa ser um evangelista, e o evangelista precisa ser um teólogo. O pregador precisa ser mestre, e o mestre precisa ser evangelista. As duas coisas (pregação e doutrina) andam juntas, e não separadas. Essa foi a maneira como Paulo agiu em seus três anos de ministério na igreja de Éfeso (At 20.20,21). Tanto ensinou as grandes doutrinas da graça como testificou a judeus e a gregos o arrependimento para com Deus e a fé em nosso Senhor Jesus Cristo. Calvino está coberto de razão quando afirma que tanto a correção quanto a repreensão e a exortação são meros auxiliares da doutrina e, por conseguinte, têm pouco peso sem ela.[201]

A indisposição para ouvir o evangelho (4.3,4)

Paulo não ilude Timóteo com promessas vazias. Ele sabe que o tempo do fim é marcado por uma forte oposição ao evangelho. Quais são as atitudes das pessoas?

Em primeiro lugar, *as pessoas se sentirão ofendidas com a sã doutrina. Pois haverá tempo em que não suportarão a sã doutrina...*(4.3a). O evangelho, as Escrituras, a Palavra, a sã doutrina nunca foram populares. A verdade sempre fere mortalmente o orgulho do homem e denuncia a malignidade do seu pecado. O homem natural não discerne as coisas de Deus, nem os mortos espirituais têm apetite pela Palavra. Somente o Espírito de Deus pode inclinar nossos ouvidos para ouvir a Palavra. Somente as ovelhas de Cristo ouvirão a voz do divino pastor. Naturalmente, a resposta do homem ao evangelho será hostil. Certamente, os homens não suportarão a verdade, chamada pelo apóstolo Paulo de sã doutrina, em contraste com as heresias dos falsos mestres. Calvino tem total razão ao afirmar que, quanto mais extraordinária for a avidez dos homens perversos por desprezar a doutrina de Cristo, mais zelosos devem ser os ministros em defendê-la e mais enérgicos seus esforços em preservá-la íntegra e proclamá-la com fidelidade.[202]

Em segundo lugar, *as pessoas se sentirão atraídas pelas novidades. ... pelo contrário, cercar-se-ão de mestres segundo as suas próprias cobiças, como que sentindo coceira nos ouvidos* (4.3b). Além de repudiar a verdade, sentirão uma atração enorme pelas novidades e darão todo crédito aos falsos mestres. As pessoas querem mestres que falem o que elas querem ouvir. Acercam-se daqueles que lhes darão exatamente o que desejam. Preferem os pregadores da conveniência. Procuram não a verdade, mas o que lhes acalme o coração, enquanto permanecem em seus pecados. Os próprios profetas do Antigo Testamento já falavam sobre essa atitude consumista dos ouvintes:

> *Quanto a ti, ó filho do homem, os filhos do teu povo falam de ti junto aos muros e nas portas das casas; fala um com o outro, cada um a seu irmão, dizendo: Vinde, peço-vos, e ouvi qual é a palavra que procede do* SENHOR. *Eles vêm a ti, como o povo costuma vir, e se assentam diante de ti como meu povo, e ouvem as tuas palavras, mas não as põem por obra; pois, com a boca, professam muito amor, mas o coração só ambiciona lucro. Eis que tu és para eles como quem canta canções de amor, que tem voz suave e tange bem; porque ouvem as tuas palavras, mas não as põem por obra. Mas, quando vier isto e aí vem, então, saberão que houve no meio deles um profeta* (Ez 33.30-33).

A expressão *coceira nos ouvidos* demonstra que essas pessoas terão fome de novidades.[203] Nessa mesma linha de pensamento, Rienecker realça que essa expressão figurada é usada para denotar a curiosidade que busca informações interessantes e inconvenientes.[204] Assim, Paulo está descrevendo pessoas movidas por uma curiosidade mórbida para qualquer novidade vendida no mercado da fé. Obviamente, o que essas pessoas procuram não é o evangelho, mas uma panaceia, um calmante que lhes aquiete o coração. A mensagem dos falsos mestres lhes dá certo "conforto", aplacando a coceira que sentem nos ouvidos. Nas palavras de Stott: "Na prática, o que tais pessoas fazem é fechar os ouvidos à verdade (At 7.57) e abri-los a qualquer mestre que alivie a sua coceira".²⁰⁵

Em terceiro lugar, *as pessoas taparão os ouvidos à verdade e se lançarão no colo das fábulas. E se recusarão a dar ouvidos à verdade, entregando-se às fábulas* (4.4). John Stott tem razão em dizer que essas pessoas rejeitam a sã doutrina (4.3) ou a verdade (4.4) e preferem as próprias cobiças (4.3) ou fábulas (4.4). Assim, substituem a revelação divina por suas fantasias.²⁰⁶

A obrigação de seguir em frente com o evangelho (4.5)

O desinteresse das pessoas em relação ao evangelho não deve determinar a atitude dos ministros de Deus. Longe de desistir de pregar porque as pessoas estão mais interessadas em novidades que na verdade, Paulo ordena que Timóteo cumpra cabalmente o seu ministério de evangelista. Nesse sentido, quatro atitudes devem ser tomadas pelos servos de Deus.

Em primeiro lugar, *seja sóbrio em meio à volubilidade reinante. Tu, porém, sê sóbrio em todas as coisas...* (4.5a). Em vez de entrar no sistema e seguir a onda da maioria, Timóteo deveria manter-se íntegro na sua missão, pregando a verdade. Não importa se os falsos mestres parecem mais atraentes e populares. Não importa se eles ajuntam multidões mais numerosas. Não importa se o que eles pregam tem aceitação maior. Timóteo precisa ser diferente. Ele não pode se deixar influenciar pela moda prevalecente.

No meio de uma geração embriagada e entorpecida pelo sucesso, pelo prazer e pela cobiça, Timóteo deve manter-se sóbrio em todas as coisas. No meio de uma geração instável de mente e conduta, Timóteo deve permanecer inabalável. A palavra grega *nepho*, traduzida por *sóbrio*, significa "livre de qualquer forma de embriaguez mental e espiritual". Ou seja, equivale a estar alerta, vigilante, com aquela atitude firme e persistente da mente, que observa tudo o que acontece ao redor e permanece inabalável em direção a seu objetivo.[207] Stott diz que, quando homens e mulheres se intoxicam com heresias inebriantes e novidades reluzentes, os ministros devem conservar-se calmos e sensatos.[208]

Em segundo lugar, *suporte as aflições em meio à oposição. ... suporta as aflições...* (4.5b). Paulo já havia dito que aqueles que quisessem viver piedosamente em Cristo seriam perseguidos (3.12). Agora, declara que, diante da oposição, o ministro do evangelho não deve afrouxar suas convicções nem se tornar um pragmático, pregando o que as pessoas querem ouvir. Ao contrário, deve dispor-se a suportar as aflições por causa de sua fidelidade à verdade. É vero o dito: "Quanto mais fiel a igreja for, mas perseguida ela será". John Stott tem razão em afirmar: "Sempre que a fé bíblica se torna impopular, os ministros são altamente tentados a mudar aqueles elementos que promovem a maior ofensa".[209]

Em terceiro lugar, *pregue as boas-novas de salvação em meio às distorções. ... faze o trabalho de um evangelista...* (4.5c). Há uma gritante e perturbadora ignorância das pessoas acerca do verdadeiro evangelho. O diabo tem falsos ministros, falso evangelho e falsos crentes. Nesse cenário eivado de tantos enganos, os ministros de Cristo precisam pregar incansavelmente o verdadeiro evangelho. Concordo com Stott quando ele diz que as boas-novas do evangelho não devem somente ser preservadas da distorção, mas propagadas com devoção.[210]

Em quarto lugar, *complete seu ministério em meio aos que retrocedem. ... cumpre cabalmente o teu ministério* (4.5d). O fim dos tempos é marcado por um processo de esfriamento do amor, abandono da verdadeira fé e consumada apostasia. O engano religioso floresce como cogumelo e se espalha como fogo em palha seca. Nesse cenário de debandada geral (1.15), Timóteo deve cumprir cabalmente o seu ministério. Não basta ao ministro apenas começar bem a carreira; é preciso terminá-la bem (4.7). As palavras de Stott são oportunas:

> As quatro ordens de Paulo a Timóteo, ainda que diferentes nos detalhes, transmitem a mesma mensagem geral. Aqueles dias, em que era difícil conquistar ouvidos para o evangelho, não deveriam desencorajar Timóteo; nem detê-lo em seu ministério; nem induzi-lo a adaptar a sua mensagem ao gosto de seus ouvintes; nem, menos ainda, silenciá-lo de uma vez; mas antes deveriam estimulá-lo a pregar ainda mais.[211]

Nessa mesma linha de pensamento, Calvino diz que, quanto mais grave for a doença do engano religioso que atinge as pessoas, mais eficaz e mais determinado deve ser o trabalho do ministro de Deus para curá-la; quanto mais perto e ameaçador for o problema, mais diligente o ministro de Deus deve manter-se em guarda.[212]

Notas do capítulo 5

[179] BARLOW, George. The Second Epistle to Timothy. In: *The Preacher's Homiletic Commentary.* Vol. 29. Grand Rapids: Baker Books, 1995, p. 79.
[180] STOTT, John. *Tu, porém: a mensagem de 2Timóteo*, p. 100.
[181] WIERSBE, Warren W. *Comentário bíblico expositivo*, p. 330.
[182] KELLY, John N. D. *I e II Timóteo e Tito: introdução e comentário*, p. 188.
[183] BURKI, Hans. Segunda carta a Timóteo. In: *Cartas aos Tessalonicenses, Timóteo, Tito e Filemom*, p. 368.
[184] STOTT, John. *Tu, porém: a mensagem de 2Timóteo*, p. 104.
[185] IBID., p. 105.
[186] MARCEL, Pierre. *The Relevance of Preaching*. Nova York: Westminster Publishing House, 2000, p. 18.
[187] WIERSBE, Warren W. *Comentário bíblico expositivo*, p. 330.
[188] HENDRIKSEN, Guillermo. *1 y 2 Timoteo y Tito*, p. 350.
[189] LLOYD-JONES, Martyn. *Preaching and Preachers*. Grand Rapids: Zondervan Publishing House, p. 97.
[190] VINES & SHADDIX, Jim. *Power in the Pulpit: How to Prepare and Deliver Expository Sermons*. Chicago: Moddy Press, 1999, p. 27.
[191] STOTT, John. *Tu, porém: a mensagem de 2Timóteo*, p. 101.
[192] IBID., p. 102.
[193] LLOYD-JONES, Martyn. *The Puritans: Their Origins and Successors.* Pennsylvania: The Banner of Truth Trust, 1987, p. 387.
[194] LLOYD-JONES, Martyn. *Preaching and Preachers*, p. 297.
[195] STOTT, John. *Tu, porém: a mensagem de 2Timóteo*, p. 102.
[196] BURKI, Hans. Segunda carta a Timóteo. In: *Cartas aos Tessalonicenses, Timóteo, Tito e Filemom*, p. 369.
[197] IBID., p. 369-370.
[198] KELLY, John N. D. *I e II Timóteo e Tito: introdução e comentário*, p. 189.
[199] STOTT, John. *Tu, porém: a mensagem de 2Timóteo*, p. 103.
[200] IBID., p. 103.
[201] CALVINO, Juan. *Comentarios a las Epístolas Pastorales de San Pablo*, p. 295.
[202] IBID., p. 297.
[203] STOTT, John. *Tu, porém: a mensagem de 2Timóteo*, p. 106.
[204] RIENECKER, Fritz; ROGERS, Cleon. *Chave linguística do Novo Testamento Grego*, p. 480.

205 STOTT, John. *Tu, porém: a mensagem de 2Timóteo*, p. 106.
206 IBID.
207 RIENECKER, Fritz; ROGERS, Cleon. *Chave linguística do Novo Testamento Grego*, p. 480.
208 STOTT, John. *Tu, porém: a mensagem de 2Timóteo*, p. 107.
209 IBID.
210 IBID.
211 IBID., p. 107-108.
212 CALVIN, John. *Calvin's Commentaries*, p. 257.

Capítulo 6

A segunda prisão de Paulo em Roma e seu martírio
(2Tm 4.6-22)

A PRIMEIRA PRISÃO de Paulo foi por motivação religiosa; a segunda, por motivos políticos. A primeira prisão estava ligada à perseguição judaica; a segunda, vinculada ao decreto do imperador. Da primeira prisão, Paulo saiu para dar continuidade à obra missionária; da segunda, Paulo saiu para o martírio.

Em 49 d.C., o imperador Cláudio expulsou de Roma todos os judeus (At 18.2). Muitos deles, a essa altura, já eram cristãos. Mas, em 64 d.C., houve um terrível incêndio em Roma, e o imperador Nero lançou a culpa dessa tragédia sobre os judeus e os cristãos.

Nero chegou ao poder em outubro de 54 d.C. Insano, pervertido e mau, era filho de Agripina, mulher promíscua e perversa. Na noite de 17 de julho do ano de 64 d.C., um catastrófico incêndio estourou em Roma. O fogo durou seis dias e sete noites. Dez dos quatorze bairros da cidade foram destruídos pelas chamas vorazes.

Segundo alguns historiadores, o incêndio foi provocado pelo próprio Nero, que assistiu ao horrendo espetáculo do topo da torre Mecenas, no cume do Paladino, vestido como um ator de teatro, tocando sua lira e cantando versos acerca da destruição de Troia. Pelo fato de dois bairros em que havia grande concentração de judeus e cristãos não terem sido atingidos pelo incêndio, Nero encontrou uma boa razão para culpar os cristãos pela tragédia.

A partir daí, a perseguição contra os cristãos tornou-se insana e sangrenta. Faltou madeira na época para fazer cruz, tamanha a quantidade de cristãos crucificados. Os crentes eram amarrados em postes e incendiados vivos para iluminar as praças e os jardins de Roma. Outros, segundo o historiador Tácito, foram jogados nas arenas enrolados em peles de animais, para que cães famintos os matassem a dentadas. Outros ainda foram lançados no picadeiro para que touros enfurecidos os pisoteassem e esmagassem. A loucura de Nero só não foi mais longe porque, em 68 d.C., boa parte do império se rebelou contra ele, e o senado romano o depôs. Desesperado, sem ter para onde ir, Nero se suicidou.

No tempo em que explodiu essa brutal perseguição, Paulo estava fora de Roma, visitando as igrejas. Por ser o líder maior do cristianismo, tornou-se alvo dessa ensandecida cruzada de morte. Possivelmente quando estava em Trôade, na casa de Carpo, foi preso pelos agentes de Nero e levado a Roma para ser jogado numa masmorra úmida, fria e insalubre. Foi dessa prisão que Paulo escreveu essa carta a Timóteo. É digno de destaque que nessa carta Paulo não pede oração para sair da prisão nem expressa expectativa de prosseguir em seu trabalho missionário. O idoso apóstolo está convencido de que a hora de seu martírio havia chegado.

Como Paulo encerra a sua carreira? Que avaliação faz de sua vida? Se esse veterano apóstolo fosse examinado pelas lentes da teologia da prosperidade, seria um fracasso. O maior pregador, missionário, teólogo e plantador de igrejas da história do cristianismo está velho, jogado numa masmorra, pobre, cheio de cicatrizes, abandonado no corredor da morte. O grande apóstolo dos gentios está sozinho num calabouço romano, sem dinheiro, sem amigos, sem roupas para enfrentar o inverno, sofrendo as mais amargas privações. Como esse homem se sente? Como ele avalia seu passado, seu presente e seu futuro?

Destacamos a seguir alguns pontos fundamentais acerca da atitude desse bandeirante da fé no momento em que se viu no corredor da morte.

A vida não é simplesmente viver; a morte não é simplesmente morrer (4.6-8)

Em 2Timóteo 4.6-8, Paulo faz uma profunda análise do seu ministério e, antes de fechar as cortinas da sua vida, abre-nos uma luminosa clareira com respeito a seu passado, presente e futuro. Acompanhemos sua análise.

Em primeiro lugar, *Paulo olhou para o passado com gratidão. Combati o bom combate, completei a carreira, guardei a fé* (4.7). O que fora um propósito, ou seja, completar a carreira (At 20.24), era agora um retrospecto.[213] Paulo está passando o bastão para o seu filho Timóteo, mas, antes de enfrentar o martírio, relembra, como havia sido sua vida: um duro combate.²¹⁴ A vida para Paulo não foi uma feira de vaidades nem um parque de diversões, mas um combate renhido. Hans Burki diz que Paulo lutou contra poderes sombrios da maldade; contra Satanás; contra vícios judaicos, cristãos e gentílicos; contra hipocrisia, violência, conflitos e imoralidades em Corinto; contra fanáticos e desleixados em Tessalônica; contra gnósticos e judaizantes em Éfeso e Colossos; e, não por último – no poder do Espírito Santo –, contra o velho ser humano dentro de si mesmo, tribulações externas e temores internos. Acima de tudo e em todas as coisas, porém, lutou em prol do evangelho, a grande luta de sua vida, seu bom combate. O apóstolo poderia morrer tranquilo porque havia concluído sua carreira, e isso era tudo o que lhe importava (At 20.24). Mas ele também deixa claro que nessa peleja jamais abandonou a verdade nem negou a fé. Não morre bem quem não vive bem. A vida é mais do que viver, e a morte é mais do que morrer.

Em segundo lugar, *Paulo olhou para o presente com serenidade*. *Quanto a mim, estou sendo oferecido por libação, e o tempo da minha partida é chegado*(4.6) O veterano apóstolo sabe que vai morrer. Mas não é Roma que tirará a vida; é ele quem vai oferecê-la. E ele não vai oferecê-la a Roma, mas a Deus. Stott diz que Paulo compara sua vida com um sacrifício e uma oferta para Deus.²¹⁵ John N. D. Kelly explica que essa metáfora vívida é tirada do costume litúrgico judaico de derramar, como o ritual preliminar da oferenda diária no templo e de certos sacrifícios, uma libação (oferta de bebida) de vinho ao pé do altar (Êx 29.40; Nm 28.7).²¹⁶ Hans Burki acrescenta que a libação, feita de vinho forte, não era o sacrifício propriamente dito. Pelo contrário, era derramada sobre o animal a ser sacrificado (Nm 15.1-10). Paulo, portanto, entendia sua morte como oferenda derramada sobre o sacrifício da igreja (Fp 2.17) e derramada no mais verdadeiro sentido sobre o holocausto [sacrifício total] do Messias Jesus (Rm 8.32).[217]

Paulo se refere à sua morte como uma partida. John N. D. Kelly diz corretamente que Paulo usa a palavra *partida* como um eufemismo para a morte, evocando o quadro de um navio levantando âncora ou de um soldado ou viajante levantando acampamento.[218] Para Calvino, a palavra *partida* contém um testemunho da imortalidade da alma, pois a morte é apenas uma separação da alma do corpo. Assim, a morte não é outra coisa senão a partida da alma quando se separa do corpo.[219] Para o apóstolo Paulo, a morte dos crentes equivale a partir para estar com Cristo, o que é incomparavelmente melhor (Fp 1.23); é deixar o corpo e habitar com o Senhor (2Co 5.8); é lucro (Fp 1.21). A Bíblia diz que a morte dos santos é preciosa aos olhos do Senhor (Sl 116.15); é bem-aventurança (Ap 14.13), pois é ser levado para o seio de Abraão (Lc 16.22), ir ao paraíso (Lc 23.43) e ir para a casa do Pai (Jo 14.2).

A palavra grega *analysis, partida,*[220] era usada em quatro circunstâncias. O primeiro significado se relaciona a aliviar alguém de uma carga. A morte é descansar das fadigas (Ap 14.13). O segundo refere-se a soltar um prisioneiro. Paulo vislumbrava sua libertação, não sua execução. Matthew Henry diz que a morte para um homem justo é sua libertação da prisão deste mundo e sua partida para o gozo do outro mundo: ele não deixa de existir, mas é apenas removido de um mundo para outro.[221] O terceiro significado é levantar acampamento e deixar a tenda temporária para voltar para o lar. A morte para Paulo significava mudar de endereço.

Era deixar este mundo e ir para a casa do Pai. Era deixar o corpo e habitar com o Senhor (2Co 5.8). Era partir e estar com Cristo, o que é incomparavelmente melhor (Fp 1.23). E o quarto significado é desatar o barco e singrar as águas do rio e atravessar para o outro lado. A morte para Paulo significava fazer a última viagem da vida, rumo à Pátria celestial. A morte não o intimidava. Ele sabia em quem havia crido e para onde estava indo. Ele mesmo chegou a afirmar: *Para mim o viver é Cristo e o morrer é lucro* (Fp 1.21).

Em terceiro lugar, *Paulo olhou para o futuro com esperança. Já agora a coroa da justiça me está guardada, a qual o Senhor, reto juiz, me dará naquele Dia; e não somente a mim, mas também a todos quantos amam a sua vinda* (4.8). A gratidão do dever cumprido, associada à serenidade de saber que estava indo para a presença de Jesus, dava a Paulo uma agradável expectativa do futuro. Mesmo que o imperador o condenasse à morte e o tribunal de Roma o considerasse culpado, o reto e justo Juiz revogaria o veredito de Nero, considerando-o sem culpa e dando-lhe a coroa da justiça. Como num brado de triunfo diante do martírio, Paulo proclama: *Já agora a coroa da justiça me está guardada, a qual o Senhor, reto juiz me dará naquele Dia!* Carl Spain destaca que a coroa de Paulo não era um símbolo de sua justiça, nem uma recompensa por ele merecida. Cristo era a sua recompensa (Fp 3.8,13,14).[222] Concordo com Stott quando ele escreve:

> Nosso Deus é o Deus da história. Deus está executando o seu propósito ano após ano. Um obreiro pode cair, mas a obra de Deus continua. A tocha do evangelho é transmitida de geração em geração. Ao morrerem líderes da geração anterior, é da maior urgência que se levantem aqueles da geração seguinte e com coragem tomem os seus

lugares. O coração de Timóteo deve ter sido profundamente tocado por essa exortação do velho guerreiro Paulo, que o levara a Cristo.[223]

A vitória não é ausência de lutas, mas triunfo a despeito das adversidades (4.9-16)

O céu não é aqui. Aqui não pisamos tapetes aveludados nem caminhamos em ruas de ouro, mas cruzamos vales de lágrimas. Aqui não recebemos o galardão, mas bebemos o cálice da dor. Paulo certamente foi a maior expressão do cristianismo. Viveu de forma superlativa e maiúscula. Pregador incomum, teólogo incomparável, missionário sem precedentes, evangelista sem igual. Viveu perto do Trono, mas ao mesmo tempo foi açoitado, preso, algemado e degolado. Tombou como mártir na terra, mas foi recebido como príncipe no céu. Não foi poupado dos problemas, mas triunfou no meio deles. Stott tem razão em dizer que, mesmo concluída a sua carreira e aguardando a coroa da justiça, ele é ainda um frágil ser humano, com necessidades humanas comuns.[224]

Que tipo de luta Paulo enfrentou na antessala do seu martírio?

Em primeiro lugar, *Paulo enfrentou a solidão*. *Procura vir ter comigo depressa* [...] *Toma contigo Marcos e traze-o, pois me é útil para o ministério* [...] *Apressa-te a vir antes do inverno...*(4.9,11,21). Essa carta começou com a expressão de anseio ardente: *Quero rever-te* e chega ao fim com este apelo: *Procura vir ter comigo depressa*. Paulo estava numa cela fria, necessitado de um ombro amigo. Sua espiritualidade não anula sua humanidade. Ele roga para que Timóteo vá depressa ao seu encontro. Pede para seu filho na fé vir antes do inverno, pois nesse tempo era impossível navegar. Roga a Timóteo que leve também Marcos. O gigante do cristianismo está precisando de gente amada a seu lado, antes de caminhar para o patíbulo. Sua comunhão com Deus não o tornava um super-homem. Dentro do seu peito, batia um coração sedento por relacionamento.

Marcos morava em Jerusalém, com sua mãe, em cuja casa muitos se reuniam para orar (At 12.12). Era primo de Barnabé (Cl 4.10). Barnabé e Saulo o levaram de Jerusalém para Antioquia (At 12.25), e, mais tarde, esse jovem foi auxiliar dos dois missionários na primeira viagem missionária (At 13.5). Em Perge da Panfília, Marcos abandonou os dois obreiros e voltou a Jerusalém (At 13.13). Quando Marcos desejou retornar com Paulo e Barnabé na segunda viagem missionária, Paulo se recusou a levá-lo (At 15.37-41). Posteriormente, Marcos foi restaurado e reintegrado ao trabalho missionário (Cl 4.10; Fm 24; 1Pe 5.13). Agora, Paulo ordena que Timóteo o leve a Roma, porque este lhe era útil. Nunca é tarde para restaurar relacionamentos quebrados, para construir pontes onde um dia a intolerância cavou abismos. Marcos torna-se um instrumento valoroso nas mãos de Deus. Escreve o evangelho que leva o seu nome, o evangelho de Marcos.

Em segundo lugar, *Paulo enfrentou o abandono. Porque Demas, tendo amado o presente século, me abandonou e se foi para Tessalônica; Crescente foi para a Galácia, Tito, para a Dalmácia. Somente Lucas está comigo [...] Quanto a Tíquico, mandei-o até Éfeso* (4.10,11a,12). Paulo passou a vida investindo na vida das pessoas e, na hora em que mais precisou de ajuda, foi abandonado e esquecido na prisão. Caminhou sozinho para o Getsêmani do seu martírio, assistido apenas pela graça de Deus. Demas é mencionado apenas três vezes no Novo Testamento (Cl 4.14; Fm 24; 2Tm 4.10). Na primeira vez, era um cooperador. Na segunda vez, seu nome é apenas mencionado. E, na última vez, ele é apresentado como um desertor. Começou bem a carreira, mas a encerrou mal. Moule é da opinião que Demas foi atacado pela covardia naquele tempo de terror.[225] John Bunyan, em sua obra *O peregrino*, mostra Demas guardando a mina de prata na Colina do Lucro. Nessa mesma linha de pensamento, Warren Wiersbe é da opinião que Demas foi seduzido de volta ao mundo pelo amor ao dinheiro.[226] Hendriksen é oportuno quando diz que o verbo usado por Paulo implica que Demas não apenas deixou o apóstolo, mas o deixou numa situação difícil, ou seja, o desamparou. A separação não foi somente geográfica, mas, sobretudo, espiritual.[227]

A ausência dos outros irmãos (Crescente, Tito e Tíquico) não foi propriamente um abandono. É legitimada pelos interesses do Senhor.[228] A presença de Lucas com Paulo na sua segunda prisão é um tocante testemunho da lealdade do *médico amado* (Cl 4.14), como defende Stott.[229] Lucas já havia acompanhado Paulo em sua viagem a Roma e em sua primeira prisão (At 27). Paulo o chamara de médico amado (Cl 4.14) e colaborador (Fm 24). Lucas escreveu tanto o Evangelho que leva seu nome como o livro de Atos. Tíquico foi companheiro de Paulo em sua última visita a Jerusalém (At 20.4) e portador das cartas de Paulo às igrejas de Colossos (Cl 4.7,8) e Éfeso (Ef 6.21,22). Possivelmente, foi também o portador da segunda carta a Timóteo, talvez ainda com o propósito de substituir Timóteo em Éfeso para tornar possível a almejada visita deste a Paulo na prisão.[230]

Em terceiro lugar, *Paulo enfrentou privações. Quando vieres, traze a capa que deixei em Trôade, em casa de Carpo, bem como os livros, especialmente os pergaminhos* (4.13). Paulo precisava de amigos para a alma, livros para a mente e cobertura para o corpo. Ele tinha necessidades físicas, mentais e emocionais. As prisões romanas eram frias, insalubres e escuras. Os prisioneiros morriam de lepra e de outras doenças contagiosas. O inverno se aproximava, e Paulo precisava de uma capa quente para enfrentá-lo. Essa capa, do grego *phailones*, era uma roupa externa grande, sem mangas, feita de uma única peça de tecido pesado, com um buraco ao meio por onde se passava a cabeça. Servia de proteção contra o frio e a chuva.[231] Paulo também precisava de livros (feitos de papiro) e pergaminhos (feitos de peles). Estava no corredor da morte, mas queria aprender mais. Paulo precisava de amigos, de roupas e de livros. Precisava de provisão para a alma, a mente e o corpo. Concordo com as palavras Stott:

> Sem dúvida Paulo desfrutou da companhia e força do Senhor Jesus, em seu calabouço. Todavia, o auxílio que recebeu do seu Senhor foi tanto de modo direto como indireto. Quando nosso espírito está solitário, precisamos de amigos. Quando nosso corpo está sentindo frio, precisamos de roupas. Quando nossa mente está aborrecida, precisamos de livros. Não é falta de espiritualidade admitir isso; é humano. Para sermos cristãos, não precisamos negar nossa humanidade nem nossa fragilidade.[232]

Nessa mesma linha de pensamento, Moule assevera: "O ser humano nunca é desnaturalizado pela graça, nem um momento sequer".[233]

Quem era Carpo e por que Paulo deixou seus pertences em sua casa? Só nos resta conjecturar. Moule é da opinião que foi na casa de Carpo que Paulo celebrou a ceia na qual o jovem Êutico caiu da janela, morreu e foi milagrosamente ressuscitado pela oração do apóstolo (At 20.1-12) e que lá mesmo, anos mais tarde, Paulo foi levado preso, sem ter tido a oportunidade de carregar seus pertences.[234]

Em quarto lugar, *Paulo enfrentou a traição*. *Alexandre, o latoeiro, causou-me muitos males; o Senhor lhe dará a paga segundo as suas obras. Tu, guarda-te também dele, porque resistiu fortemente às nossas palavras* (4.14,15). Paulo não dá nenhuma descrição de Alexandre, senão sua profissão. Ele trabalhava com cobre. O apóstolo também não descreve quais foram esses *muitos males*. William Barclay lança luz sobre o assunto justificando que a expressão *causou-me muitos males* é a tradução do verbo grego *endeiknumi*, que significa literalmente "dar informação contra uma pessoa". Os informantes eram uma das grandes maldições de Roma naquela época. Buscavam obter favores e receber recompensas em troca de informações.[235] Isso levou alguns historiadores a afirmar que foi Alexandre, o latoeiro, quem traiçoeiramente delatou Paulo, resultando em sua segunda prisão e consequente martírio. Alexandre se tornou inimigo do mensageiro e também da mensagem. Perseguiu o pregador e resistiu à pregação. Possivelmente, esse Alexandre morava em Trôade, onde Paulo fora preso, e, por isso, o apóstolo exorta a Timóteo que, ao passar por Trôade para pegar seus pertences, se guardasse desse malfeitor.

Quando Paulo diz: *O Senhor lhe dará a paga segundo as suas obras*, não está expressando um espírito vingativo, mas apenas entregando seu julgamento nas mãos de Deus, a quem pertence esse direito.[236]

Em quinto lugar, *Paulo enfrentou a ingratidão*. *Na minha primeira defesa, ninguém foi a meu favor; antes, todos me abandonaram. Que isto não lhes seja posto em conta!* (4.16). Os amigos de Paulo o abandonaram e ele orou para que Deus os perdoasse (4.16). Os seus inimigos o julgaram, e ele procurou oportunidades de lhes mostrar como poderiam ser salvos (4.17).[237]

A maioria dos comentaristas entende sua *primeira defesa* como o primeiro interrogatório, "a investigação preliminar, precedendo o julgamento definitivo".[238] Plummer chega a dizer que "entre todos os cristãos de Roma, ninguém queria estar a seu lado na corte, nem para falar uma palavra a seu favor, nem para aconselhá-lo quanto à conduta em seu caso, ou para apoiá-lo com uma demonstração de simpatia".[239]

Que tipo de acusação pesava contra Paulo nesse julgamento? Ele diz que estava preso como um malfeitor (2.9), provavelmente por algum crime ligado ao incêndio de Roma.

Paulo se arriscou pelos outros; mas ninguém compareceu em sua primeira defesa para estar a seu lado ou falar a seu favor. Mais perturbador que o frio gelado que se avizinhava pela chegada do inverno, era a geleira da ingratidão que Paulo tinha de suportar no apagar das luzes de sua jornada na terra. John Stott argumenta que, se Alexandre, o latoeiro, falou com deliberada malícia contra Paulo e o evangelho, os amigos de Paulo, em Roma, deixaram completamente de falar, e seu silêncio não se devia à malícia, mas ao medo.[240] O verdadeiro amigo é aquele que chega quando todos já se foram. É aquele que está ao nosso lado, pelo menos para confortar-nos com o bálsamo do silêncio. O verdadeiro amigo não nos abandona na hora da aflição. Jó fez uma dramática descrição desse abandono na hora de necessidade:

> *Pôs longe de mim a meus irmãos, e os que me conhecem, como estranhos, se apartaram de mim. Os meus parentes me desampararam, e os meus conhecidos se esqueceram de mim. Os que se abrigam na minha casa e as minhas servas me têm por estranho, e vim a ser estrangeiro aos seus olhos. Chamo o meu criado, e ele não me responde; tenho de suplicar-lhe, eu mesmo* (Jó 19.13-16).

Essa queixa de Paulo, de ter sido abandonado em sua primeira defesa, não entra em contradição com as saudações enviadas a Timóteo por alguns irmãos da igreja de Roma. É que provavelmente nenhum daqueles aqui mencionados ocupava posição suficiente na ocasião para comparecer ao tribunal e defender o apóstolo.

Abandonado pelos homens, mas assistido por Deus (4.17,18)
Paulo não encerra sua carreira frustrado. Não está com sua alma amargurada. As agruras da terra não empalidecem as glórias do céu. A ingratidão dos homens não enfraquece a assistência abundante de Deus. As algemas não amordaçam a Palavra. A graça de Deus assistiu Paulo na hora da morte para que ele pregasse o evangelho até seu último fôlego de vida. Quatro verdades devem ser aqui destacadas.

Em primeiro lugar, *Paulo foi abandonado pelos homens, mas assistido por Deus. Mas o Senhor me assistiu e me revestiu de forças, para que, por meu intermédio, a pregação fosse plenamente cumprida, e todos os gentios a ouvissem...* (4.17a). Paulo foi vítima do abandono dos homens, mas foi acolhido e assistido por Deus. Assim como Jesus foi assistido pelos anjos no Getsêmani enquanto seus discípulos dormiam, Paulo também foi assistido por Deus na hora de sua dor mais profunda. Deus não nos livra do vale, mas caminha conosco no vale. Deus não nos livra da fornalha, mas nos livra na fornalha. Deus não nos livra da cova dos leões, mas nos livra na cova dos leões. Às vezes, Deus nos livra da morte; outras vezes, Deus nos livra através da morte. Em toda e qualquer situação, Deus é o nosso refúgio. Warren Wiersbe escreve oportunamente:

> Quando Paulo ficou desanimado com os coríntios, o Senhor foi até ele e o encorajou (At 18.9-11). Depois de ser preso em Jerusalém,

Paulo voltou a receber a visita e o estímulo do Senhor (At 23.11). Durante a terrível tempestade em que Paulo estava a bordo de um navio, mais uma vez o Senhor lhe deu forças e coragem (At 27.22-26). Agora, naquela horrível prisão romana, Paulo voltou a experimentar a presença fortalecedora do Senhor, que havia prometido: *De maneira alguma te deixarei, nunca jamais te abandonarei* (Hb 13.5).[241]

Em segundo lugar, *Paulo não foi poupado das provas, mas recebeu poder para suportá-las*. (4.17b) ... *e me revestiu de forças*... Deus revestiu Paulo de forças para que continuasse pregando até o fim. Paulo foi preso, mas a Palavra estava livre e espalhou-se para todos os gentios. Paulo foi levado ao patíbulo e degolado, mas sua voz ainda ecoa nos ouvidos da história. Suas cartas são luzeiros no mundo.

Em terceiro lugar, *Deus não livrou Paulo da morte, mas na morte*. *O Senhor me livrará também de toda obra maligna e me levará salvo para o seu reino celestial*... (4.18a). Paulo não foi poupado da morte, mas foi libertado através da morte. A morte para ele não foi castigo, perda ou derrota, mas vitória. O aguilhão da morte foi tirado. Morrer é lucro, é bem-aventurança, é ir para a casa do Pai, é entrar no céu e estar com Cristo. Concordo com as palavras de Barclay: "Sempre é melhor correr perigo por um momento e estar salvo para a eternidade, que estar salvo por um momento e exposto a uma eternidade de condenação".[242] Hendriksen reforça esse pensamento:

> A expressão *O Senhor* [...] *me levará salvo para o seu reino celestial* implica que Paulo esperava ir ao céu imediatamente depois de sua morte. Esta é a doutrina através das Escrituras. Assim o salmista espera ser recebido no reino de glória quando a morte chegar (Sl 73.24,25). Lázaro é levado de imediato pelos anjos ao seio de Abraão (Lc 16.22). O ladrão penitente entra no paraíso de imediato,

junto com o Senhor (Lc 23.43). Para o apóstolo Paulo, quando este tabernáculo terrestre (o corpo) se desfizer, temos da parte de Deus um edifício, feito não por mãos, mas eterno nos céus (2Co 5.1). Para o salvo, a morte é lucro (Fp 1.21). É partir para estar com Deus, o que é incomparavelmente melhor (Fp 1.23). É bem-aventurança (Ap 14.13). O livro de Apocalipse descreve a alma dos mártires como havendo sido trasladada imediatamente para o céu, e estando mui feliz e bem ocupada na bem-aventurança eterna (Ap 7.13-17).[243]

Em quarto lugar, *Paulo não termina a vida com palavras de decepção, mas com um tributo de glória ao Salvador. ... A ele, glória pelos séculos dos séculos. Amém* (4.18b). Paulo foi perseguido, rejeitado, esquecido, apedrejado, fustigado com varas, preso, abandonado, condenado à morte, degolado, mas, em vez de fechar as cortinas da vida com pessimismo, amargura e ressentimento, termina erguendo ao céu um tributo de louvor ao Senhor.

Saudações e bênção (4.19-22)

Paulo encerra sua última carta com algumas saudações e com a bênção apostólica.

Em primeiro lugar, *saudações a crentes da Ásia. Saúda Prisca, e Áquila, e a casa de Onesíforo* (4.19). Priscila e Áquila foram grandes cooperadores da obra missionária. Estiveram em Corinto (At 18.1-3) e Éfeso (At 18.18,19,26). Priscila e Áquila eram não apenas cooperadores de Paulo em Cristo Jesus, mas também por ele arriscaram a própria vida (Rm 16.3). Hospedavam uma igreja em sua casa (Rm 16.4). Onesíforo, por sua vez, morava em Éfeso, onde prestou muitos serviços a Paulo (1.16,18). Sabendo de sua segunda prisão em Roma, deixou sua cidade e rumou para a capital do império à procura do apóstolo. Buscou-o solicitamente até encontrá-lo. Mesmo em circunstâncias tão adversas, esse fiel amigo serviu ao apóstolo Paulo no prelúdio de sua morte (1.17). Paulo envia de Roma saudações à família desse bravo guerreiro, que dispôs a sofrer todos os riscos para identificar-se com um homem condenado à morte.

Em segundo lugar, *informes sobre os companheiros de viagem. Erasto ficou em Corinto. Quanto a Trófimo, deixei-o doente em Mileto* (4.20). É muito provável que, depois de sua segunda prisão, Erasto tenha acompanhado Paulo até a cidade de Corinto, quando este estava a caminho de Roma. Trófimo era natural de Éfeso e companheiro de Paulo em sua terceira viagem missionária, ao menos na Grécia e em Trôade e na viagem a Jerusalém (At 20.1-5; 21.29). Não temos nenhuma informação acerca da doença de Trófimo, senão que Paulo o deixou doente em Mileto, o porto próximo de Éfeso.

Em terceiro lugar, *saudações de crentes de Roma. ... Êubulo te envia saudações; o mesmo fazem Prudente, Lino, Cláudia e os irmãos todos* (4.21b). Agora, Paulo envia as saudações dos irmãos de Roma a Timóteo e à igreja de Éfeso. Quatro irmãos são mencionados: Êubulo, Prudente, Lino e Cláudia. Os historiadores afirmam que Lino se tornou o primeiro bispo de Roma, após o martírio de Pedro e Paulo.[244] Depois de declinar alguns nomes, Paulo envia saudações de toda a igreja de Roma aos irmãos da igreja de Éfeso.

Em quarto lugar, *uma bênção pessoal e coletiva. O Senhor seja com o teu espírito. A graça seja convosco* (4.22). Estas são as últimas palavras do apóstolo Paulo registradas nas Escrituras. Numa última oportunidade de encorajar o jovem pastor Timóteo diante de tantas lutas, Paulo diz: *O Senhor seja com o teu espírito*. Matthew Henry está correto ao dizer que nada nos deve deixar mais felizes que ter o Senhor Jesus Cristo com o nosso espírito; porque nele todas as bênçãos espirituais estão resumidas.²⁴⁵ Mas essa epístola não foi endereçada apenas ao pastor Timóteo; foi escrita a toda a igreja de Éfeso e consequentemente a nós, hoje.²⁴⁶ Paulo passa do singular, *O Senhor seja com o teu espírito*, para o plural, *A graça seja convosco*. A presença do Senhor e a graça do Senhor nos bastam. Assim como a graça, que é melhor que a vida, foi suficiente para Paulo e a igreja de Éfeso no passado, seja também nosso alento hoje, para prosseguirmos preservando o evangelho, sofrendo pelo evangelho, permanecendo no evangelho e pregando o evangelho!

A Bíblia não registra os últimos dias de Paulo. De acordo com a tradição, porém, ele foi declarado culpado, sentenciado à morte e decapitado. No entanto, Timóteo e outros cristãos deram continuidade à obra. Como João Wesley costumava dizer: "Deus sepulta seus obreiros, mas sua obra continua".²⁴⁷

NOTAS DO CAPÍTULO 6

[213] STOTT, John. *Tu, porém: a mensagem de 2Timóteo*, p. 109.
[214] BURKI, Hans. Segunda carta a Timóteo. In: *Cartas aos Tessalonicenses, Timóteo, Tito e Filemom*, p. 373.
[215] STOTT, John. *Tu, porém: a mensagem de 2Timóteo*, p. 108.

216 KELLY, John N. D. *I e II Timóteo e Tito: introdução e comentário*, p. 190.
217 BURKI, Hans. Segunda carta a Timóteo. In: *Cartas aos Tessalonicenses, Timóteo, Tito e Filemom*, p. 372.
218 KELLY, John N. D. *I e II Timóteo e Tito: introdução e comentário*, p. 191.
219 CALVINO, Juan. *Comentarios a las Epístolas Pastorales de San Pablo*, p. 302.
220 BARCLAY, William. *I y II Timoteo, Tito y Filemon*, p. 221.
221 HENRY, Matthew. *Comentário bíblico Matthew Henry: Atos a Apocalipse*, p. 719.
222 SPAIN, Carl. *Epístolas de Paulo a Timóteo e Tito*. São Paulo: Vida Cristã, 1980, p. 173.
223 STOTT, John. *Tu, porém: a mensagem de 2Timóteo*, p. 111.
224 IBID., p. 112.
225 MOULE, Handley C. G. *The Second Epistle to Timothy*, p. 150.
226 WIERSBE, Warren W. *Comentário bíblico expositivo*, p. 333.
227 HENDRIKSEN, Guillermo. *1 y 2 Timoteo y Tito*, p. 360.
228 STOTT, John. *Tu, porém: a mensagem de 2Timóteo*, p. 114.
229 IBID.
230 GOULD, J. Glenn. *As epístolas pastorais*, p. 534.
231 KELLY, John N. D. *I e II Timóteo e Tito: introdução e comentário*, p. 197.
232 STOTT, John. *Tu, porém: a mensagem de 2Timóteo*, p. 116.
233 MOULE, Handley C. G. *The Second Epistle to Timothy*, p. 152.
234 IBID., p. 157.
235 BARCLAY, William. *I y II Timoteo, Tito y Filemon*, p. 232.
236 GOULD, J. Glenn. *As epístolas pastorais*, p. 535.
237 WIERSBE, Warren W. *Comentário bíblico expositivo*, p. 334.
238 GUTHRIE, Donald. *The Pastoral Epistles*. Grand Rapids: Tyndale Press and Eerdmans, 1957, p. 175.
239 PLUMMER, Alfred. *The Pastoral Epistles*, p. 420.
240 STOTT, John. *Tu, porém: a mensagem de 2Timóteo*, p. 119.
241 WIERSBE, Warren W. *Comentário bíblico expositivo*, p. 333.
242 BARCLAY, William. *I y II Timoteo, Tito y Filemon*, p. 234.
243 HENDRIKSEN, Guillermo. *1 y 2 Timoteo y Tito*, p. 370.
244 STOTT, John. *Tu, porém: a mensagem de 2Timóteo*, p. 113.
245 HENRY, Matthew. *Comentário bíblico Matthew Henry: Atos a Apocalipse*, p. 721.
246 STOTT, John. *Tu, porém: a mensagem de 2Timóteo*, p. 123.
247 WIERSBE, Warren W. *Comentário bíblico expositivo*, p. 335.

Conheça a coleção completa dos Comentários Expositivos Hagnos

ANTIGO TESTAMENTO

Rute
Uma perfeita história de amor
160 páginas

Neemias
O líder que restaurou uma nação
224 páginas

Daniel
Um homem amado no céu
160 páginas

Oseias
O amor de Deus em ação
264 páginas

Joel
O profeta do pentecostes
120 páginas

Amós
Um clamor pela justiça social
216 páginas

Conheça a coleção completa dos Comentários Expositivos Hagnos

ANTIGO TESTAMENTO

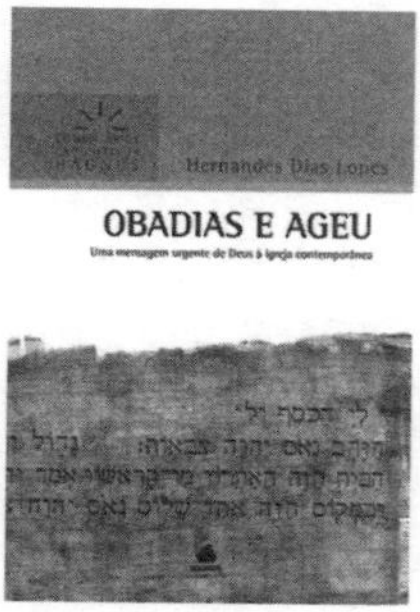

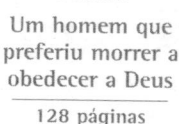

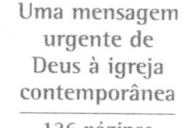

Obadias e Ageu
Uma mensagem urgente de Deus à igreja contemporânea
136 páginas

Jonas
Um homem que preferiu morrer a obedecer a Deus
128 páginas

Miqueias
A justiça e a misericórdia de Deus
176 páginas

Habacuque
Como transformar o desespero em cântico de vitória
160 páginas

Malaquias
A igreja no tribunal de Deus
136 páginas

Conheça a coleção completa dos Comentários Expositivos Hagnos

NOVO TESTAMENTO

Marcos
O evangelho dos milagres
2a edição revisada e ampliada
640 páginas

Atos
A ação do Espírito Santo na vida da igreja
512 páginas

Romanos
O evangelho segundo Paulo
512 páginas

1Coríntios
Como resolver conflitos na igreja
312 páginas

2Coríntios
O triunfo de um homem de Deus diante das dificuldades
296 páginas

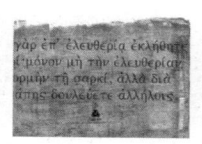

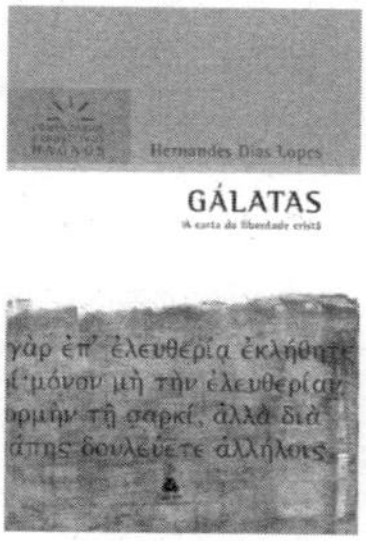

Gálatas
A carta da liberdade cristã
288 páginas

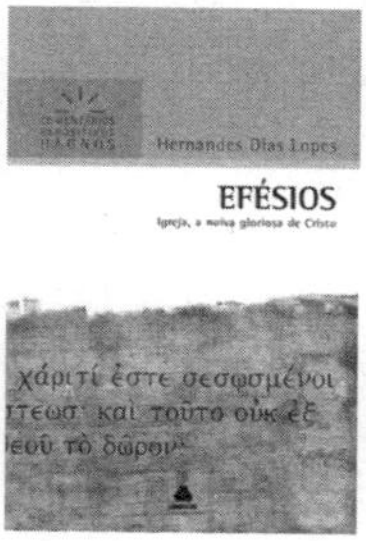

Efésios
Igreja, a noiva gloriosa de Cristo
192 páginas

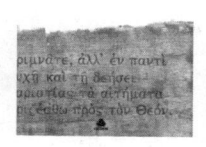

Filipenses
A alegria triunfante no meio das provas
264 páginas

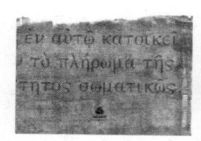

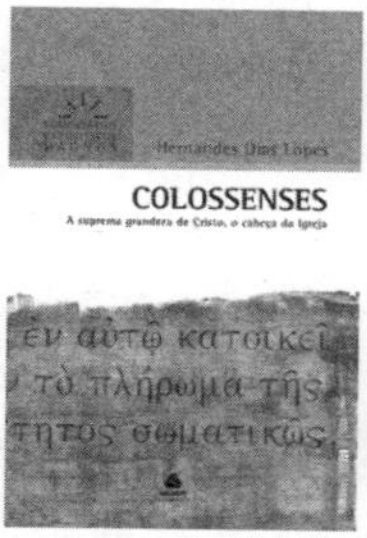

Colossenses
A suprema grandeza de Cristo, o cabeça da Igreja
232 páginas

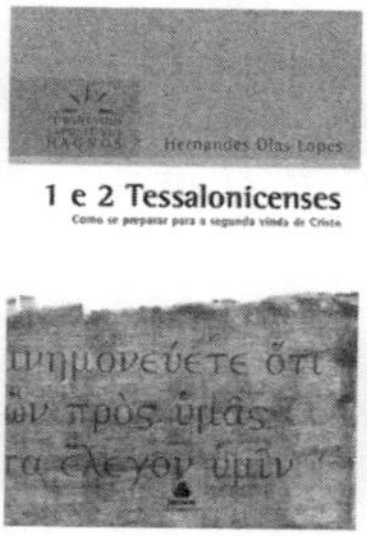

1 e 2 Tessalonicenses
Como se preparar para a segunda vinda de Cristo
232 páginas

1Timóteo
O pastor, sua vida e sua obra
160 páginas

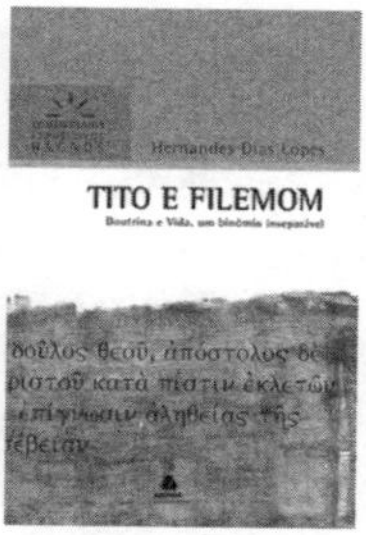

Tito e Filemom
Doutrina e Vida, um binômio inseprarável
168 páginas

Tiago
Transformando provas em triunfo
160 páginas

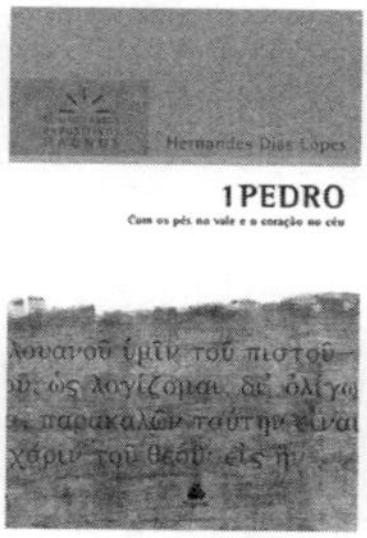

1Pedro
Com os pés no vale e o coração no céu
192 páginas

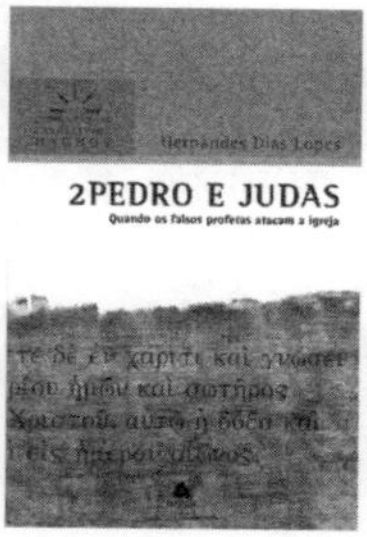

2Pedro e Judas
Quando os falsos profetas atacam a igreja
144 páginas

1,2,3João
Como ter garantia de salvação
272 páginas

Apocalipse
As coisas que em breve devem acontecer
408 páginas

Sua opinião é importante para nós. Por gentileza, envie seus comentários pelo e-mail editorial@hagnos.com.br

Visite nosso site: www.hagnos.com.br

Esta obra foi impressa na Imprensa da Fé.
São Paulo, Brasil.
Verão de 2020.